中國典籍日本注釋叢書

五經卷

2

毛詩補義／上

［日］林羅山 等撰
張培華 編

目録

毛詩補義（上）

[日]岡田白駒　撰

毛詩補義（上）

［日］岡田白駒 撰

毛詩補義序

古者有采詩之官太史陳之天子臨觀明堂不下堂而知率土之勞逸所以觀風俗知得失也毋論雅頌成乎薦紳黼藻相輝穆如清風若夫國風多是農夫紅女之歌謠耳應事財感〻物而吟志〻之見乎物莫著於詩焉民之蚩〻暑雨祁寒而怨咨之甚則嗟歎蹈舞

哀則寤辟有摽於物紓鬱依微規諫委曲宛轉亡所不有者盡人情世態又莫詳於詩者君子不達乎人情世態不能為政故曰不為周南召南其猶正牆面而立也與是舉篇首而該家國也或嫌鄭衛淫慢亦人情者耳夫子惡亂雅樂者惡其聲也如惡其詩盡蚤刪之矣惟似而非者可以亂真夫淫媟之詞與雅頌夐別易得能

亂雅耶蓋桑中可以知衛之亂溱洧可以
觀鄭之衰在朝廷而知閭巷之態居治世
而觀衰亂之風國史明乎得失之迹詩可
以觀人情莫所不至魯仍人情之所必有
而以此之善以詩不可之教故素絢後
禮切琢知來三百之蔽所以歸無邪也
宋儒繆以鄭聲為鄭詩至乎桑中溱
洧而窮矣於是延謂淫媟可以創人之逸

志。吾但其勸而諷一也。聖人之教。弗嘗若是。近春秋大夫。賦詩觀志。酬酢乎賓榮。吐納乎身文。各從其所取。觸類旁通。謂之斷章取義。仲尼沒而微言絕。詩分為四。蓋斷章之漸成家爾。鴟鴞之說乎書。碩人載馳清人黃鳥之見乎左氏。一詩自有一詩之標題。不爾。雖孔子亦奚能鑿空臆揣。獨毛公之學。錄本子夏。與尚書左

氏儀禮孟子合三家蚤湮沒而毛詩傳乎
今者眞故之以先聖威靈天之所祐羽
陵之蠹不敢蝕聖寶舍是假之然乎去聖
千五百年之後每揣作者之意就其說雖
高乎竟是鄭書箋說已余少治毛詩惟
恨傳箋康成雖相翼與其義差池嘗據
爾雅補訓詁輯諸家之得毛旨者勒爲一
書旹彥和郢取重于沈尚書負笈千車

余則畏乎是擇夫醞藉高蹈浮慧驚人弗詣弗通孰若不移胡斷斷乎當世即上諸梓以鋟古音千載爾

延享乙丑中秋望西播岡白駒撰

毛詩補義目録

頌

周　魯　商

毛詩補義目錄終

毛詩補義附録

毛公傳詩惟撮厥要已援引有所原語亦簡矣不通其義安得其意迺据孔疏旁攷它書以釋其義其具于補義中者此不復贅

周南召南

關雎琴瑟常御之樂也故鹿鳴宴羣臣則曰鼓瑟鼓琴鐘鼓至大之樂也故彤弓饗諸侯則曰鐘鼓既設故云德盛者宜有鐘鼓之樂葛覃紞縣瑱之物織五采爲之紘冠冕之系以組爲之自領下屈而上屬于兩旁之笄垂餘者爲纓緌冕上覆也婦德貞順婦言辭令婦容婉娩婦功絲枲宗室宗宗子之家也汙訓煩煩謂煩撋之煩撋猶挼莏也兩手相切摩也副祭服之首飾編髮爲之爾雅云婦人之褘謂之縭卽香纓也檀弓云婦人不飾不敢見舅姑凡諸侯之女既嫁父母在則歸寧父母既沒則使卿大夫歸寧於兄弟樛木草木之盛者莫如南土故以南爲南土芣苢車前子治婦人産難故曰宜懷妊焉執衽謂以衣貯之而執其衽也扱衽謂以衣貯之而扱其衽於帶閒也衽裳之下也漢廣泭桴同疏云翹翹高貌若直云高貌恐施於楚最

高者。此翹翹連言錯薪。故爲薪貌。汝墳惄飢之思食也。故
爲飢意。水淺而魚搖尾多。則血流注尾。故魚勞則尾赤也。
麟之趾題額也。采蘩左傳。苟有明德。溪澗沼沚之毛。可薦
於鬼神。嬪王后。尊不可親事。故特云王后則親執荇菜也。
草蟲不息火。不息燭也。采蘋亨烹同。諸侯之嫡子。世爲諸
侯。其第二子以下。不得稱先君。故謂之別子。別子始爲大
夫。乃大夫之始祖。繼別子者。謂之大宗。立宗室以祠之爲
百世不易之廟。大夫之別子。則但爲繼禰之小宗。不得祀
于宗室。故宗室爲大夫奉祭之所。即大宗之廟也。羹用菜
曰芼。甘棠周禮仲夏教茇舍。注云。舍草止也。軍有草止之
法。謂於草中止舍也。行露埆桷質獄爭訟也。純與緇同納
幣用緇。婦人陰也。不足。非純帛之云。故云不過五兩。羔羊
大夫美裘以居。是以羔裘爲燕居之服也。故今從之解。然
攷之檜風論語。則羔裘非大夫燕居之服矣。此傳之誤也。
孔穎達解以居爲居於朝廷。回護其誤。殊失文義。論語山
狐貉之厚以居。居以居者。皆燕居之謂也。英飾也。般其靁易
豫大象曰。雷出地奮。震繇曰。震驚百里。小星心三星柳五
星。爾雅云。咮謂之柳。共爲朱鳥形。而柳爲咮。咮即噣也。參

一名伐弗一名留衾臥物也古曰衾今曰被論語謂之寢衣騶虞翼五豝翼驅也

邶風

栢舟微微言如有所警也古字選算通用論語斗筲之人何足算也漢書作斗筲之徒何足選也故傳爲不可數也擊鼓信古伸字易曰引而信之伸卽終極之義故訓極也谷風魚梁堰石障水而空其中以通魚往來笱以竹爲器承梁之空以捕魚者也舟者古名也後世名船洸水涌也其勇如之故爲武水之潰者横暴而四出故怒之盛者爲潰簡兮以日中爲期欲其徧至也翟羽雉羽也煇甲吏之賤者一作韗諸侯兼官甲吏兼主磔皮革胞肉吏之賤者卽庖人也翟樂吏之賤者閽守門之賤者寺者寺人也皆於祭末乃見賜散爵名受五升苓一名大苦卽今甘草也大苦反言之也北風虚虚傳質疊經文以釋其義耳靜女取有始有終釋所以茅而本之於荑新臺平地言水盛而與地平也二子乘舟薄讀爲泊

鄘風

君子偕老笄之飾其數六故云最盛者王后六服褘衣一

褕翟二。闕翟三。鞠衣四。展衣五。緣衣六。侯伯夫人之服自褕翟而下。如王后焉。審諦謂不敢輕忽也。疏云秤延是熱之氣也。其意謂紲通作褻。褻之言洩也。紲去絆延蒸熱之氣也。顏角豐滿非正解顏字也。以詩文畧補之。定之方中正四方與東壁連正四方也。其體與東壁相成得正四方也。仲梁子魯人六國時人傳承師說引建邦能命龜證建國必卜之。遂連及田能施命以下以見文公之臣皆有才能焉。田能施命謂於田獵而能施教命也。田所以習戰也。故施命設誓作器能銘如栗氏爲量而銘是已。使能造命如屈完之對齊侯國佐之對晉師應機造辭命是已。山川能說謂行過山川能說其形勢也。喪紀能誄如子襄之誄楚恭是已。祭祀能語古者於旅也語是已。干旄注着也。旄以旄牛尾着於旗干之首也。旟畫鳥隼之旗也。

衛風

淇奧限水曲中也。烈業也。矜持莊嚴也。碩人褧襜皆衣無裏者。幀飾也。言鑣之飾也。鑣者馬銜外鐵也。謂馬口中勒與鑣鑣之鑣別。芄蘭玦所以鉤弦也。以象骨爲之。挾矢時着右手巨指以鉤弦。伯兮甘訓厭思之不已乃厭足于心。

猶飲食口甘遂至於厭足也房半以北爲北堂婦人所常處也木瓜孔叢子云孔子讀詩自二南及小雅喟然歎曰吾於二南見周道之所以成於栢舟見匹夫執志之不可易於淇奥見學之可以爲君子於考槃見遯世之士而不悶於木瓜見苞苴之禮行於緇衣見好賢之至也孔頴達云傳於篇末乃言之者以孔叢所言總論一篇之事故終言之小弁之引孟子亦然以果實相遺者必苞苴之

王風

黍離歷道歷言也君子陽陽簧者笙管中金薄葉也笙必有簧故以表笙翿舞者所持羽也所持以自蔽翳也揚之水激揚謂水急激而飛揚也兎爰爾雅云罦謂之罿罿罬也罬謂之罦罦與罿一物也後世翻車也葛藟漘是岸也漘是水岸故云水漘

鄭風

緇衣諸侯入爲天子卿士受采祿釋還者還于畿內采地也孔頴達以爲釋其授粲之意非矣叔于田巷里塗言里內之塗道也大叔于田磬者騁馬從禽曲折有法如磬形然所謂逐禽左也控者馬行方速遇獸之時止之卽止隨

所制控也。弢韜也。羔裘三德。剛克也。柔克也。正直也。女曰雞鳴左右佩玉。上横曰珩。下繫三組。貫以蠙珠。中組之半。貫一大珠。曰瑀。末懸一玉。兩端皆銳。曰衝牙。兩旁組半。各懸一玉。長博而方。曰琚。其末各懸一玉。如半璧而内向。曰璜。又以兩組貫珠。上繫珩之兩端。下交貫於瑀。而下繫於兩璜。行則衝牙觸璜。而有聲也。凡佩玉不盡於此。故曰之類。以包之。山有扶蘇。菡萏華不放發也。褰裳狂行童昏所化。言突以狂行童昏。其所風化於人。人又從之。徒衆漸多。

齊風

鷄鳴。纚韜髮也。纚廣終幅。長六寸。無見惡於夫人。夫人謂卿大夫。東方未明。種菜之地。謂之圃。其外藩籬。謂之園。故云圃菜園也。挈壺水以爲漏。置箭壺内。刻以爲節。令水漏。以記晝夜之度數。夜則以火炤之。冬則水凍不下。又當置火於傍。故用水用火。南山。衡獵獵行步踐履之謂。甫田。幼童必總角。故云丱幼穉也。盧令。環在犬之頷下。如人冠纓。故云纓環。子母環。謂大環貫一小環也。重鋂。謂一大環貫二小環也。載驅。簟用竹爲席。其文必方。故云方文席。周禮物馬。齊其力。毛馬。齊其色。言四言驪。物色俱盛也。猗嗟。姊

妹之子曰甥爾雅明義傳云外孫曰甥者王肅云據外祖以言也不指襄身總據齊國爲言

魏風

葛屨　安諦謂行步安舒而審諦也　汾沮洳　漸洳潤澤也　園有桃　夫人所不知我者與經彼人別夫音符　陟岵　爾雅多草木岵無草木屺釋名云岵怙也人所怙取屺圯也無所出生傳反之或是偶誤朱熹從之何也　伐檀　一夫居曰廛周禮大一廛田百畝三百廛三百夫所稼穡

唐風

蟋蟀　瞿字从目有左顧右眄討後思前之意故傳以爲顧禮義也　綢繆　參有三星故三星爲參漢天文志參白虎宿三星是也始見東方謂十月也霜降至氷泮皆昏期也　鴇羽　攻堅也爾雅云羽本謂之翮孔穎達云以鳥翮之毛有行列故稱行也

秦風

車鄰　耊棄耊歿也　小戎　歷録文章之貌大車之轂一尺有半兵車之轂三尺二寸故訓暢轂爲長轂三隅矛三叉矛也討雜也十櫓伐皆盾之別名櫓大盾也伐次於櫓故曰

中干閉一名䪐。通作柲。陳祥道云。柲以閉之。故謂之閉。緄以繫之。故謂之紲。此閉之所以爲紲也。紲即繫也。終南 終南一名中南。梅荊州曰梅。楊州曰枏。畢終南山之道名也。黃鳥 交交。往來之狀。黃鳥小鳥也。故爲小貌。比言此一人比百夫也。當亦同。晨風 林木積聚而後鬱茂。故訓鬱爲積。無衣 玉藻纊爲繭。縕爲袍。謂衣有著之異名也。純著新緜名爲繭。褫用舊絮名爲袍。雖著有異名。其制度是一。故云袍繭也。權輿 權輿之爲始。古人常用之。取造衡自權始造車自輿始之義。非矣。按考工記。造車自輪始。

陳風

宛丘 翳翿者。所持以指麾。盎樂器也。東門之枌 王肅云。緵數績麻之縷也。每數一升。而用繩紀之。故緵爲數。防有鵲巢 唐。廟中路名。故爲堂塗。瓴甋一名甓。即甂甋也。

檜風

素冠 素冠。練冠也。三年之喪十三月而練。疏云。此冠者。既練之後。大祥之前冠也。此冠練布使熟。其色益白。故謂之素。練後常服此冠。至大祥乃除。已服練冠。則終三年可知矣。匪風 懷訓歸。歸饋也。

曹風

鳲鳩書顧命四人綦弁馬融本作騏弁騏綦古字通用綦蒼艾色也所謂騏文也義不必取馬色正訓是据疏則是當作長然卒章箋云正長也傳旣訓長箋何煩解疏說失之正訓是其義自明下泉二伯述職謂東西大伯分主一方各自述省其所職之諸侯也

豳風

七月大火心星也左傳云火猶西流謂火下爲流數起於一終於十更有餘月以一二紀之故曰一之日十之餘也田大夫勸農官也曲薄也用萑葦爲之蠶事之所用也隋銎曰斧方銎曰斨斨卽斧也唯銎孔異耳角猗皆遮截束縛名左傳云譬如捕鹿晉人角之諸戎猗之是也螗蜩也春酒冬釀春熟此酒凍時釀之故名凍醪卽酒正三酒中清酒也人年老者有毫眉秀出者謂之豪眉月令季冬冰方盛水澤腹堅命取而藏之腹堅厚也鵙鶪攻亦堅也檝挶謂以手爪拘草租始也物之初始必有爲之故云爲也東山古今注云螢火一名燐黃白曰皇謂馬色有黃處有白處皇爾雅作騜騜駁白曰駁駁赤色也謂馬色有赤處有

白處。爾雅云。婦人之褘。謂之縭。縭緌也。孫炎云。褘帨巾也
郭璞云。即今之香纓也。邪交絡帶繫于體。因名爲褘。緌繫
也。此女子既嫁之所著。示繫屬于人。士昏禮云。毋戒女施
衿結帨。曰勉之敬之。夙夜無違宮事。【破斧】銶蓋以木爲之。
故曰木屬。說文無銶字。古或作梂。【九罭】卷龍。龍首卷然也
【狼跋】跲躓也。王舄有三等。赤舄爲上。冕服之舄也。故爲盛
屨絇屨頭飾也。士冠禮註云。絇之言拘也。謂拘持之以爲
行戒。瑕玉之病。玉之有瑕。猶人之有過。故以瑕爲過。

小雅

【四牡】舍幣于禰。聘禮云。使者受命。厥明賓朝服。釋幣于禰。
註云。告爲君使也。賓使者。謂之賓。尊之也。天子諸侯將出
告羣廟。大夫告禰而已。舍幣者。曾子問所謂告用牲幣是
也。鄭玄云。牲當爲制。告無牲。直用幣而已。此舍幣之義也
【皇皇者華】五者。咨也。諏也。謀也。度也。詢也。【常棣】很。忿爭之
名。切切勤競。貌。飫於路寢堂上。故謂之私。若聽朝則爲公
事。對公。故言私。尚毛謂以須髮坐也。【伐木】柿削木片也。蓋
謂伐木木片飛也。筐竹器也。藪草也。釃酒者。或用筐。或用
草。泲之而去其糟也。湑亦泲之名也。莤之與左傳縮酒同

義。謂以茅泲之而去其糟也。采薇以十一月爲始。陰消陽息。復卦用事。至四月純乾用事。五月受之以姤。陽消陰息至九月而剥。仍一陽在。至十月而陽盡爲坤。則從十一月至九月凡十有一月。已經歷此有陽之月。而至坤爲十月故云歷陽月。翼翼本行列整治不急遽之狀也。故爲閑習之義。弭者弓弰之名。以象骨爲之。是弓之末弰弛之則反曲。故云弓反末也。繩索有結。用以解之。故云所以解紒也紒與結義同。出車旐即四斿七斿之斿也。魚麗曲梁以曲薄爲笱而承梁之空者也。爾雅云。嫠婦之笱謂之罶。郭璞云其功易成。故號之寡婦之笱耳。非寡婦所作也。鱨性浮而善飛躍。故一名揚。古者不風不暴則不行火。風暴謂氣寒其風疾。即北風也。自十月始行火。即火田也。後世放火張羅。其遺教也。不折不操。操一本作芟。疏從芟解之。當從芟。折芟亦十月也。夏小正十月豺祭獸。月令孟春獺祭魚鄭玄云。鷹八月始摯。十月乃甚。罻捕鳥網羅之別名也。天子不合圍。言天子雖田獵不得圍之。使師恐盡物也。凡獸子初生皆曰麛。不麛。不取麛也。不隱塞。爲梁止可爲防於兩邊。不得當中皆隱塞。亦爲盡物也。諸侯曰不掩羣。大夫

曰不靡不邪。士曰不隱塞。各舉其力之所能。以禁之耳。其
實通。皆不得。傳推廣言所以衆多也。得其所然。按然讀爲
爲如論語子路不得其死然之然。南有嘉魚壹宿之鳥。鄭
玄云。謂壹意於其所宿之木也。南山有臺。夫須莎草也。香
附子。是也。蓼蕭爾雅云。轡首謂之革。郭璞曰。馬轡所把之
外有餘而垂者。謂之革。然則鞗即轡之別名。革乃轡首之
垂者也。六月簡選閱擇也。言選擇車馬士衆也。王旌畫日
月。謂之常。革急也。畫急疾之鳥隼是也。鉤車。此車特設鉤
鞶其行曲直有正。故云先正。寅進也。此車能進取遠道。故
云先疾。此車啓突敵陳。堅固良善。故云先良。摯輊軒輕。車
之覆而進也。軒車之却而後也。采芑樊馬大帶也。讀如鞶
帶之鞶。纓馬鞅也。黃朱赤色也。出曰治兵。入曰振旅。治兵
則幼賤在先。振旅則尊老在前。車攻齊毫齊毫毛也。田獵
者。必大芟野草。以爲防限。作田獵之場。殺圍之處。未田之
前。誓士戒衆。在其閒止舍。既而驅禽納之防。然後焚燒防
草。於其中而射之。既爲防限。當設周衛而立門。爲乃以織
毛褐布纏通帛旃之竿。以爲門之兩傍。其門蓋南開。亦爲
二門。用四旃四褐也。樹門中闑也。以裘纏椹質以爲門中

之闑。闑車軌之裡。兩邊約車輪者也。其門之廣狹。兩軸頭
太公旃竿之間。各容一握。握人四指爲四寸。是門廣於軸八
寸也。轚一作繫。謂挂著也。入此門當馳走而入。不得徐也。
以敎戰。試其能否。故令驅焉。若驅之。其軸頭轚著門傷旃
竿。則不得入也。所以罰不工也。以天子六軍分爲左右。雖
同舍防內。令三軍各在一方。取左右相應。其屬左者之左。
屬右者之右。不得越離部伍。以此故有二門也。發發矢也。
抗。舉也。綏綏旌也。舉之以爲表也。所謂虞旗也。於此受禽
焉。驤止則弊之。故王制云。天子殺則下大綏。諸侯殺則下
小綏是也。戰場有頃數。戰者不出其頃界。爲有三等。金舄
爲上。冕服之舄。下有白舄黑舄。此云金舄。卽禮之赤舄也。
加金爲飾。故謂之金舄。白舄黑舄猶有在其上者。爲尊未
達。其赤舄則所尊莫是過。故云達屨。言是屨之最上達者
也。時見無常期。諸侯有不服者。王將有征伐。則朝覲謂之
會。十二歲王如不巡狩。則六服盡朝。謂之同。戴記云。天子
諸侯無事。則歲三田。一爲乾豆。二爲賓客。三充君庖。無事
而不田曰不敬。膘三倉云。小腹兩邊肉也。說文云。脅後髀
前肉也。本亦作髀。腢謂肩前也。達右腢中心。死疾鮮潔也。

故爲上殺。射右耳。本。鄭玄云。射當作達。此以其遠心。死稍遲。肉已微惡。故以爲次。髀一作脾。謂股外。髃謂水膁也。射左股髀。達過於右脅髃。以其中脅死最遲。肉又益惡。故爲下殺。上殺以爲乾豆。爲豆實。供宗廟。次殺以待賓客。下殺以充大庖。庖廚也。踐毛。疏作剪毛。謂在傷而逆射之。前。毛摧落也。不成禽。幼稚也。鄭玄云。三十每禽三十也。尚書傳云。中者雖不中也取。不中者雖中也不取。則中非中的中和容也。孔穎達云。向者。田獵所取用勇力。今射者禮樂所取。用辭讓也。傳因大庖不盈。廣言獲所用也。吉日。重物。馬國之大用。故王者重之。雖馬祖之微。慎之。祁爲大。謂禽獸大也。驅禽之左右者。以禽必在左射之。驅令左。皆使天子得其左廂之便。鴻雁。侯伯卿士。謂諸侯之伯。與天子卿士也。爾雅。無夫無婦通謂之寡。故云偏喪曰寡。五版爲堵。謂累五版也。版廣二尺。故周禮一堵之牆長丈高一丈是版廣二尺也。無羊。呞牛食已復出嚼之也。正月。古者有肉刑而罪有等級。重者入於肉刑。輕者役於圜土。謂晝則役之夜則入圜土。圜土獄城也。警警傲慢也。考工記車人爲車有大車。大車平地任載之車。駕牛者也。尚書。肇牽車牛遠服賈用是也。小旻古曰在昔，昔曰先民。此國語文也。孔穎達云：據今人而道古人，謂之在昔；據昔而又道其先民。民者人之大名，其實是賢聖者也。左傳昭元年，會于虢，楚公子圍設服離衛。晉樂王鮒曰：小旻之卒章善矣，吾從之。杜預云：卒章義取非惟暴虎馮河之可畏也，不敬小人亦危殆。王鮒從斯義，故不敢譏議公子圍。正與傳意同。小宛明發，發夕至明。按發夕當作從夕，字之誤耳。小弁壞訓瘣，爾雅云：瘣木符婁。陸玄朗云：瘣木瘤腫也。郭璞云：謂木病尫傴僂腫無枝條者也。高子曰以下，孟子文也。按與今孟子文大同小異，其不同處義亦較殊，豈所見本異與。巧言進知音智。骭脚脛也。瘍瘡也。何人斯堂塗，堂下至門之徑。易說音悅。巷伯蒸薪之細者。縮一作摍，抽也。縮屋，抽取屋草也。閒廁也。嫗一作煦，以氣曰煦，以體曰嫗。不逮門，門名也。谷風爾雅云：焚輪謂之頹。焚輪暴風從上來降也。大東雜記云：匕長三尺，故以捄爲長貌。古之祭祀享食，必體解其肉之胖既大，故須以匕載之。載謂出之於鼎，升之於俎也。考工記車人云：大車牝服二柯有參分柯之二。鄭玄云：牝服長八尺，謂較也。兩較之內謂之箱，是車內容物之處。鄭

衆云。牝服、謂車箱。服讀爲負。「四月」忕、習也。「鼓鍾」淫樂。凡作
樂而非所則。謂之淫。淫、過甚也。不必桑間濮上、新聲。周禮
小胥云。王宮縣。鄭衆云、宮縣四面縣。是也。「楚茨」饎、熟食也。
牙、如屠家縣肉架。齊于肉、分齊其肉所當用。則是既陳於
牙、就牙上而齊之也。祭祀之禮。饔爨以煮肉。廩爨以炊米。
郊特牲云。取膟膋燔燎。升首報陽也。膟膋、腸間脂也。內羞
房中之羞也。其籩則糗餌粉餈。其豆則酏食糝食。庶羞羊
臐豕膮。皆有胾。醓、繹、重祭也。祭之明日、尋繹復祭也。利成、
少牢注云。利猶養也。成畢也。言孝子養禮畢也。「信南山」刀
有鸞者。鸞卽鈴也。謂刀環有鈴。其聲中節。「甫田」雝本、壅禾
根也。先嗇謂始耕田者。卽神農也。始敎造田。故謂之田祖。
斂、謂疾於事不急慢也。車梁、輈也。「瞻彼洛矣」韠、韍也。所以
蔽前也。上飾、言刀首也。珧、蜃甲。所以飾物也。釋器云。黃金
謂之璗。璗、美玉名。白金謂之銀。其美者謂之鐐。鏐、黃金之
美者。卽紫磨金也。珕、蜃屬。屬而不及於蜃矣。「鴛鴦」匹鳥。言其
止則相耦。飛則爲雙也。莝、芻也。「頍弁」霰、暴雪也。䟽云。初爲
霰者、久必暴雪。故言霰暴雪耳。非謂霰卽暴雪也。「車舝」有
齊季女、采蘋文也。謂齊莊之少女也。「賓之初筵」的、質也。射

張皮謂之侯。侯中者謂之鵠。鵠中者謂之正。正中謂之槷。槷則質也。【采菽】羹用菜曰芼。爾雅云。正出涌出也。縢緘也。行而緘束之。故名行縢。所謂偪束其脛也。綷大索也。所以維持舟者。綍繫也。【角弓】紲謂弓鞑。即緄縢也。緄縄也。縢繫約之也。以竹爲鞑。發弦時。裨於弓之背上。又縄横繫之。使相著。鞑與弓爲力。備頓傷也。檠藏弓定體之器也。【采綠】五日一御。内則云。妾雖年老未滿五十。必與五日之御。是傳之所據也。【隰桑】阿通作婭。疏云。阿那。是枝葉條垂之狀。故爲美貌。【白華】無微不著。著陟畧反。被服也。烓竈三隅竈。即無釜之竈也。其上燃火。謂之烘。【緜蠻】爾雅云。大陵曰阿。則丘之與阿爲二物矣。而以丘阿爲曲阿者。以下丘側丘隅類之。丘阿非二物也。【瓠葉】毛曰炮。不厺毛而炮之也。加置之火上也。炕舉也。貫之舉於火上也。

大雅

【大明】維舟。連四舟也。方舟併兩舟也。特舟一舟也。騂赤色黑鬣。周尚赤。殷尚白。騂馬白腹。是上周下殷也。【緜】冠禮爲冠者制字。云伯某甫。亶亦稱父。父甫同。以周制論之。必是字矣。但時當殷代。質文不同。故或以爲名。質也。鍛打也。謂脯爲鍛脩。亦言其椎打之。棫樸 樸屬叢生者。爲枹。旱麓 秬鬯秬黑黍也。釀秬爲酒。築鬱金艸。煮而和之。使芬芳條鬯。故謂之秬鬯。思齊 左傳云武王之母弟八人。是通武王與伯邑考。爲十子也。其名則見史記。皇矣 耆惡也。今本惡作、老誤。箋疏可徵。爾雅云小山別大山曰鮮。孫炎云別不相連也。程邑在岐之南。雖去舊都不遠。却與岐山不相連屬。故曰鮮原。社稷先祖皆謂崇之社稷先祖也。靈臺 成之民成之也。上非催也。据上而云有成也。璧體圓而內有孔。今辟廱外水亦圓而內有地。是如璧也。土之高者曰丘。此水內之地未必高於水外。正謂水下而地高。故以丘言之。爾生民 高辛氏帝嚳也。禖天子求子祭名。玄鳥燕也。燕至春分二月之中。以此時感陽氣來集人堂宇。其來主爲產乳蕃滋。故王者於此日行此祭。率九嬪御往侍御于祭也。乃禮。禮接也。所御謂今有娠者。祭郊禖既畢。祝官乃禮天子所御幸者。酌酒以飮之。既畢乃使帶弓韣。授以弓矢。冀所生男子也。韣弓衣也。在母謂在胎也。國語云文王在母不憂。是已。橫逆人道。人道產門也。孔穎達引剖脇而生剖背而生。爲橫逆人道。若如其言。是人之生。皆常剖背脇而生

后稷獨順生也。可謂不通已。雍䑋。今本作雜種。字誤也。稃
米殼也。嘗之日以下。周禮肆師職文也。嘗者以其嘗新穀。
爲祭之名。茇茇草除田也。古之耕者。除田種穀。嘗新穀此
茇之功也。故肆師臨卜問後歲宜茇以否。秋田爲獮。戒戒
不虞也。臨卜後歲兵寇之備。社者祭土。主稼穡。故卜後歲
稼所宜。穀熟而謀。謂穀熟時早已卜祭日也。陳祭而卜矣。
謂隙列。嘗社之祭。以卜來歲之事。經所云載謀載惟是也。
[行葦]言或陳筵者。言字在陳下誤也。重席下筦上簟也。函
口裡肉也。經傳諸言歌者。皆以絃和之。蓺質也。矍相地名。
樹菜蔬曰圃。如堵牆。言衆也。欲射之前。亦行鄉飲酒之禮。
獻賓及介獻衆賓之後。未旅之前作相爲司正。至於將射
轉司正爲司馬。故云射至於司馬。按儀禮燕射如鄉射之
禮延射。進觀者欲射者也。亾國。出亾其君之國也。鄭玄云
與奇也。謂有人無後。既立後。託此人復往奇之也。或云人
固無後而強爲之後。故曰與。亦通。公罔姓之語辭。裘名也。
序姓。點名也。六十曰耆。陸德明云。脩身以俟死。絕句者。不
二字一句。鄭玄云者。不言有此行。不可以在此位也。耄勤。
至大老能勤行也。合九而成規。弓人文也。又云往體寡來

體多謂之王弧敦弓即王弧也傳引之者明既句是引滿
之時也以合九成規此弓體直今言既句明是挽之長三
尺謂其柄也引長長去聲〔既醉〕終其事施惠先後及歸俎
之類恒豆謂恒常正祭之豆和者水草和氣所生者昌本
鳧葵之類陸產麏麇之等加豆對恒豆言朝事爲正故謂
之恒饋食亞朝事故謂之加水物蠃魚之類道之徧至徧
至於水土也〔鳧鷖〕沚水中可居者山絕水謂山當水路令
水勢斷絕也所云石絕水曰梁亦此類〔公劉〕左傳桓二年
衮冕黻珽帶裳幅舄昭其度也藻率鞞鞛鞶厲游纓昭其
數也夫德儉而有度登降有數故云德有度數〔卷阿〕陸佃
云梧桐性便濕不生于高岡歐陽修駁毛傳爲妄說不達
乎物類之理〔板〕爾雅云夸毗體柔也李巡云屈己卑身
求得於人曰體柔是便僻其足前却爲恭以形體順從於
人也〔蕩〕奰怒也此承上號呼之文故又特云不醉而怒曰
奰〔抑〕覺爲直左傳襄二十一年叔向曰祁大夫外舉不棄
讎内舉不失親其獨遺我乎詩曰有覺德行四國從之夫
子覺者也又昭五年周任有言爲政者不賞私勞不罰私
怨詩云有覺德行四國從之皆謂爲政者之德較然正直

也。柔柔、爾雅云、旬、均也。故云言陰均也。枝葉稀疏不均爲
爆爍。疑、音凝、安靜之義。故訓定。孫炎云、團、圍四垂也。雲漢
布而不修、布列於位、不修造也。崧高春官典瑞掌玉瑞玉
器、人執以見曰瑞、禮神曰器。瑞、卽符信也。烝民捷捷、敏疾
貌。行者或苦於役、則舉動遲緩。故言捷捷以見其勤樂於
事也。韓奕厄爲烏蠋、蟲名也。郭璞云、蟲大如指、似蠶。徐靚
女容徐靜也。靚與靜同。曲顧道義、謂既受女、揖以出門、及
升車授綏之時、當曲顧以道引其妻之禮義。於是時則有
曲顧也。周禮要服、其一曰蠻服。江漢海東之民、不盡爲夷、
但在涯之匡浦、而爲夷之行者也。瞻卬先古、先祖也。築宮、
謂築蠶宮之院牆也。七尺曰仞、棘牆、謂牆上布棘以禁人
踰越也。昕、旦也。大昕之朝、季春朔日之朝也。素積、以素爲
裳也。積、辟蹙也。風戾、懸於風使露氣爆也。單、盡也。歲單、謂
三月盡之後也。云歲者、蠶歲之大功事畢於此也。副褘、
王后之禮服。三盆手、置繭於盆中、以手三次淹之、振其緒
也。召旻窳、嬾也。凡草木皆自竪立、惟瓜瓠之屬臥而不起、
似若嬾人常臥室。故字从宀。
周頌

維天之命　孟仲子。孟子從昆弟學於孟子者也。著書論詩。傳引其言。以舉一章大意也。臣工　銍穫禾短鎌也。有瞽　捷業鋸齒之狀也。柷以中虛爲用。而聲出焉。故謂之椌。說文作木空敔。以止樂。故謂之楬。楬之爲言歇也。有客　殷尚白而乘白馬。亦如周之尚赤而乘赤馬也。故云亦亦周也。載見　考訓成。考老成德也。良耜　嗣前歲續往事。皆求使明年續今年也。据明年而言。故謂今年爲前歲。往事也。絲衣　塾門側之堂。左右皆有塾。塾之爲言熟也。臣朝君者。先就塾更詳熟所應對之事。般　隮隮小貌。

魯頌

駉　幹脅也。跨兩股間也。閑謂馬之所在。有限衛之處。二百一十六匹爲一廐。毎廐爲一閑。諸侯馬四種。其三種各別爲一閑。駑一種。而分爲三閑也。郭璞云。黃白雜毛。今之桃花馬也。祺與騏通。騏青而微黑也。今之驄馬也。驎色有淺淺斑駮似魚鱗。今之連錢驄也。陰淺黑也。二目白曰魚。今謂之環眼馬。馬馬之最下者也。泮水　龜不盈尺。不得爲寶。元龜大龜也。閟宮　周后稷爲始。故姜嫄爲先妣。禖天子求子祭名。以姜嫄祈郊禖而生后稷。故名姜嫄之廟爲禖宮。鄭

厲也。鬵之加密石焉。故云鬵密大羹。大古之羹。煮肉汁不
和。盛之以豆。貴其質也。鉶羹肉汁之有菜和者也。盛之鉶
器。故云鉶羹奚斯。公子魚。爲魯大夫。鬯弓衣也。

商頌

那藏記云。鼓無常。於五聲。五聲不得不和。是樂之所成在
於鼓也。足鼓。鼓有四足者。縣鼓。縣之簨虡也。烈祖孔穎達
云。言戒至者。謂戒而至也。非訓戒爲至也。殷武荆。是州名。
楚。是國。故云荆州之楚國。

毛傳補義附録終

毛詩補義卷一

漢　趙人　毛公　傳
日本　西播　岡白駒補義

國風

國謂十五國也風謂各國之風也蓋風者本乎上而成乎下上之人身先之淑慝政教之隆汚繫焉其風動於人猶風之吹物人物吟詠情性形於歌謡故曰一國之事繫一人之本謂之風季札觀樂其於衛謂康叔武公之德如是是其衛風乎古者太史陳詩而天子躬於明堂臨觀攷政治焉不下堂而知率土之勞逸皆于詩觀風云陳際泰云國有風而天下無風風者立於外而觀之因以名之者也人有謂晉之俗儉吳之俗佻楚之俗慓者矣未聞有曰天下之俗或儉或佻或慓者天下未嘗外此而合而歸之則其途襍既不可專指以爲名且皆立於天下之中又誰從其外而觀之而因以

名也哉故欲名天下之風者必其與我異又立於其外者也故殷立於夏之外則曰夏尚忠周立於殷之外則曰商尚質後世立於周之外則曰周尚文中國立於夷狄之外則曰夷狄之俗貴壯而賤老何者以專指之以外名之勢固然也故諸侯之詩名之爲風而天子之詩名之爲雅爲頌而各皆其政事好尚見焉雅之正變可以觀世然不列於風者各有統焉耳周召二南聖人之化以爲正風故處衆國之首其從邶訖豳十三國則並爲變風云

周南關雎詁訓傳第一

關雎后妃之德也風之始也所以風天下而正夫婦也故用之鄉人焉用之邦國焉風風也教也風以動之教以化之詩者志之所之也在心爲志發言爲詩

情動於中而形於言言之不足故嗟歎之嗟歎之不足故永歌之永歌之不足不知手之舞之足之蹈之也情發於聲聲成文謂之音治世之音安以樂其政和亂世之音怨以怒其政乖亡國之音哀以思其民困故正得失動天地感鬼神莫近於詩先王以是經夫婦成孝敬厚人倫美教化移風俗故詩有六義焉一曰風二曰賦三曰比四曰興五曰雅六曰頌上以風化下下以風刺上主文而譎諫言之者無罪聞之者足以戒故曰風至于王道衰禮義廢政教失國異

政家殊俗而變風變雅作矣國史明乎得失之迹傷人倫之廢哀刑政之苛吟詠情性以風其上達於事變而懷其舊俗者也故變風發乎情止乎禮義發乎情民之性也止乎禮義先王之澤也是以一國之事繫一人之本謂之風言天下之事形四方之風謂之雅雅者正也言王政之所由廢興也政有小大故有小雅焉有大雅焉頌者美盛德之形容以其成功告於神明者也是謂四始詩之至也然則關雎麟趾之化王者之風故繫之周公南言化自北而南也鵲巢

騶虞之德諸侯之風也先王之所以教故繫之召公周南召南正始之道王化之基是以關雎樂得淑女以配君子憂在進賢不淫其色哀窈窕思賢才而無傷善之心焉是關雎之義也

此本關雎之序也關雎三百篇之首故於是序併序三百篇大旨故謂之大序析爲大小未必然也相傳大序是子夏全製蕭統已編入文什其餘衆篇之小序子夏唯裁初句耳至也字而止如葛覃后妃之本也鴻鴈美宣王也是已其下敷衍則魯人毛公所潤益也按漢儒林傳云毛公趙人也治詩爲河間獻王博士後漢書云趙人毛萇傳詩是爲毛詩二史所云皆謂趙人毛萇並不言作詁訓唯隋經籍志云趙人毛萇善詩作詁訓傳不知何據唐成伯璵毛詩指說云魯人毛公於其家作詩

詁訓。河間獻王見而深好之。趙人毛長傳其業。號小毛公。爲獻王博士。孔穎達亦引鄭譜云魯人大毛公爲詁訓傳於其家河間獻王得而獻之。以小毛公爲博士夫詩諷誦在人先儒相傳授則亦衍其所受也或以爲衛宏所作非也。衍序下既有鄭玄註玄與宏時畧先後人非敬挹。何得有玄註毛氏蓋出於子夏云今其說與尚書左氏國語儀禮孟子脗合而其見於尚書左氏者皆與作詩者同時。則非後人臆說之比矣且毛氏時左氏國語未出。孟子儀禮未甚行。而學者亦未能信也而其說先與之合。則其源流子夏者誠不可誣已朱熹欲盡廢詩序。而求詩意於詩辭馬端臨駁之確矣今此不贅。

關關雎鳩在河之洲。興也關關和聲也雎鳩王雎也鳥摯而有別水中可居者曰洲后妃說樂君子之德無不和諧又不淫其色愼固幽深若雎雄之有別焉然後可以風化天下夫婦有別則父子親父子親則君臣敬。君臣敬則朝廷正。朝廷正則王化成。窈窕淑女。君子好逑。窈窕、幽閒也。淑、善。逑、匹也。言后妃有關雎之德。是幽閒貞專之善女。宜爲君子之好匹。○參差荇菜。左右流之。荇、接余也。流、求也。后妃有關雎之德。乃能共荇菜。備庶物。以事宗廟也。窈窕淑女。寤寐求之。寤、覺。寐、寢也。求之不得。寤寐思服。服、思之也。悠哉悠哉。輾轉反側。悠、思也。○參差荇菜。左右采之。窈窕淑女。琴瑟友之。宜以琴瑟友樂之。參差荇菜。左右芼之。芼、擇也。窈窕淑女。鍾鼓樂之。德盛者。宜有鍾鼓之樂。

關雎三章。一章四句。二章章八句。

案。此詩人詠后妃之德也。雎鳩、鷙鳥也。定耦而不相亂。並遊而不相狎。傳所云摯而有別是也。摯與鷙通。見于戴記。鄭玄讀爲至。非也。蓋嫌於鷙鳥不當居河洲也。而今鳥有翺翔水上。扇魚令出。沸波攫而食之者。不可謂鷙鳥不在河洲也。況士物所生。有耳目不及者乎。女者未嫁之稱。君子謂文王也。后妃志在進賢。不淫其色。淫色則不能無妬矣。夫不淫色之德成於夫婦有別之禮焉。而又出於其性慎固剛毅。故喩后妃之德以雎鳩。取其摯而有別也。是摯以喩剛毅也。然而剛毅或嫌於婦德。故冠之以關關。而見和諧焉。於是其美備矣。是之謂關雎之德。言后妃有關雎之德無妬忌之心。故是幽閒貞專之善女。宜爲君子之好匹也。后妃思得淑女以配君子。與共內事。渇于得賢。似忘身之爲。述焉。崔仲鳧云。君家之肥。非獨知之致也。承祀之蘊。非一手之辦也。昔亂之術。非專寵之光也。周之后妃廣于求助。精在得援。協從衆善。以事一人。志在相夫耳。忘其躬也。樂乃有與耳。畧于色也。傳王化之成。本諸關雎。夫家人風所自出。風莫先於閨門。先王以是經夫婦。成孝敬。厚人倫。美教化。移風俗。王業之成。始於茲焉。故是爲四始之始。與書協和萬邦。始諸親九族。其義一也。鄭玄謂淑女三夫人以下衆妾也。是以周禮解之也。夫周禮王者受命制一代禮者。乃天子事也。文王雖三分天下而有其二。猶是諸侯耳。兔罝稱公侯。汝墳稱王室。可以見已。安可以天子后妃解之哉。亦唯太姒云爾。其謂之文王后妃者。自後世追稱耳。**二章**參差不齊貌。凡草之可食者。皆以菜名之。祭統曰。水草之葅。陸産之醢。小物備矣。又曰。天之所生。地之所長。苟可薦者。莫不咸在。荇菜亦庶物之一也。左右流之。或左求之。或右求之也。或寤或寐。言無時也。不周曰輾。周曰轉。反側猶反覆也。皆言不安席也。言后妃有關雎之德。乃能共荇菜備庶物。以事宗廟。因以求荇菜與求淑女。亦見后妃思得是淑女以助己職之意焉。求之不得。寤寐思服之。思哉思哉。乃至輾轉反側。言思求之之深。不能自已也。**卒章**言已得荇菜也。亦以興得淑女也。得之多。則可以擇而用之。以見不苟取焉。言已得淑女也。宜以琴瑟友樂之。於是果得賢焉。其德盛者。宜有鐘鼓之樂。故始以琴瑟。終以鐘鼓。恒情女入宮見妒。茲獨已得淑女也。先以琴瑟友之。繼以鐘鼓樂之。有加而無倦。于以見實樂得淑女以配君子。不淫其色焉。舊說謂此詩太姒所作。太姒之賢。不應以關雎之德自誇也。朱熹謂文王得聖女姒氏。以爲之配。宮中之人於其始至見其有幽閒貞靜之德故作此詩何楷駁之云夫所謂宮中之人者當何屬之考大紀稱昌爲世子娶于有莘曰太姒則太姒至時王季故在如以爲王季之宮人則古者命士父子皆異宮彼淑女之得與否亦何預于王季宮人之憂樂也如以爲文王之宮人則古者諸侯一娶九女格之同時者必嫡夫人至而姪娣從之未有夫人未至而先有宮人者也此不通之說已愚謂風繫諸其土此葢當時西伯國都人所作耳

葛覃后妃之本也后妃在父母家則志在於女功之事躬儉節用服澣濯之衣尊敬師傅則可以歸安父母化天下以婦道也

葛之覃兮施于中谷維葉萋萋　興也覃延也葛所以爲絺綌女功之事煩辱者施移也中谷谷中也萋萋茂盛貌

黃鳥于飛集于灌木其鳴喈喈　黃鳥搏黍也灌木叢

木也。喈喈和聲之遠聞也。○葛之覃兮施于中谷維葉莫莫。莫莫成就之貌。是刈是濩為絺為綌服之無斁。濩煮之也。精曰絺，麤曰綌。斁厭也。古者王后織玄紞，公侯夫人紘綖，卿之內子大帶，大夫命婦成祭服，士妻朝服，庶士以下各衣其夫。○言告師氏言告言歸。言我也。師女師也。古者女師教以婦德婦言婦容婦功。祖廟未毀教于公宮三月，祖廟既毀教于宗室。婦人謂嫁曰歸。薄汙我私。薄澣我衣。汙煩也。私燕服也。婦人有副褘盛飾以朝事舅姑，接見于宗廟，進見于君子，其餘則私也。害澣害否。歸寧父母。害何也。私服宜澣，公服宜否。寧安也。父母在則有時歸寧耳。

葛覃三章章六句。

案葛者女功之所在，故因葛以興焉。葛之延蔓移於谷中，其葉萋萋，以喻后妃在父母之家，日漸長成，容色美盛也。于時黃鳥飛集于灌木。興女有嫁于君子之道也。其鳴喈喈。以喻才美之達於遠方也。才美遠聞。將嫁于君子也。**二章**維葉莫莫。喻后妃既長大也。服之如弟子服其勞之服。及葛成就也。是刈是濩。以爲絺爲綌。志在於女紅煩辱之事。服之無厭倦也。一婦不織。一人或受寒。古者王后親蠶織。玄紞先天下。婦功也。后妃在家既然。出嫁不改。故曰化天下以婦道也。不爾則徒札札一梭一杼。里婦村嫗常業耳。豈足爲后妃詠哉。先儒有云誦服之無斁。知周所以興。讀休其蠶織。知周所以衰。所係固大矣。**卒章**薄不敢大肆之辭。朱熹云汙煩撋之以去其汙。猶治亂而曰亂也。澣謂濯之耳。女子嫁前三月特就女師受於成教。我告師氏曰我請告我以適人之道。鄭玄云重言我者。尊師教也。薄欲澣我衣服。序所云躬儉節用。服澣濯之衣是也。而不敢自是。就而問焉。亦見尊重師教之意焉。於是女師乃對云。公服何澣。私服何否。父母在則有時歸寧耳。蓋婦人之服。一著于體則澣汙必親。不貸手於人。所以遠別嫌疑也。此亦后妃之教也。

卷耳后妃之志也又當輔佐君子求賢審官知臣下之勤勞內有進賢之志而無險詖私謁之心朝夕思念至於憂勤也

采采卷耳不盈頃筐憂者之興也采采事采之也卷耳苓耳也頃筐畚屬易盈之器也嗟我懷人寘彼周行懷思寘置行列也思君子官賢人置周之列位陟彼崔嵬我馬虺隤陟升也崔嵬土山之戴石者虺隤病也我姑酌彼金罍維以不永懷姑且也人君黃金罍永長也陟彼高岡我馬玄黃我姑酌彼兕觥維以不永傷山脊曰岡玄馬病則黃兕觥角爵也傷思也陟彼砠矣我馬瘏矣我僕痡矣云何吁矣石山戴土曰砠瘏病也痡亦病也吁憂也

卷耳四章章四句。

案。嗟之言佐也。言之不足以盡意。故發此聲以自佐也。我我后妃也。卷耳易得也。頃筐易盈也。夫采卷耳者事采之而不能盈頃筐者。由有所憂思而心枝也。以興后妃之有憂也。故云憂者之興也。后妃所憂果何也。嗟我思君子官賢置諸朝廷也。或曰婦人勿與外事。后妃所職內事陰教。善不出閫壺之中。業不過籩饋之事。何得知天下之賢。而思進之乎。曰雞鳴之解佩十亂之邑姜豈其非耶。蓋后妃於君子。有夙夜警戒相成之道。此詩止思君子官賢寘朝。是以此警戒輔佐也。不謂自已求賢審官也。故序謂之志而已。朱熹以周行為大道古照是義。左傳引此詩云。嗟我懷人寘彼周行。能官人也。古之言。詩可以見已。**二章**欲知臣下之勤勞也。我馬我使臣。我姑我君子也。姑且也。不止於此之辭。罍酒罇也。言臣之出使也。勞苦于崔嵬。我馬虺隤矣。君子宜知之也已得賢官之。又知其勤勞其使而反也。君姑酌金罍之酒以賞勞之。我維以不永憂念矣。夫臣之勤勞非一端舉役使之勞而其餘該焉三章兕野牛也兕觥以兕角爲之鄭玄云觥罰爵也旅酬必有醉而失禮者罰之亦所以爲樂卒章云何問之之辭言馬瘏僕痡矣而今其云何乎其亦憂矣深閔之之辭也朱熹云后妃以君子不在而思念之故賦此詩託言也楊愼云婦人思夫陟岡飮酒携僕望砠卽爲託言亦大傷大義可謂不倫矣

樛木后妃逮下也言能逮下而無嫉妒之心焉

南有樛木葛藟纍之興也南南土也木下曲曰樛南土之葛藟茂盛樂只君子福履綏之履祿綏安也○南有樛木葛藟荒之樂只君子福履將之荒奄將大也○南有樛木葛藟縈之樂只君子福履成之縈旋成就也

樛木三章章四句

案纍纏繞也只語辭君子斥文王也樛木垂下以喻后妃之逮下葛藟纍之以喻衆妾附賴之也言后妃恩逮下衆妾而無嫉妒之心焉則宮庭雝穆可以共內事以此輔佐君子以成王化君子所以樂而安其福祿也將之大其福祿也成之就其福祿也后妃德脩于己恩及衆妾洋洋乎化且徧中宮矣故葛覃卷耳之後次之以樛木螽斯蓋太師之編意云朱熹云君子指后妃夫男女有定名夷考經傳未有稱婦人以君子者后妃安得稱君子其說謂夫人稱小君大夫妻稱內子則猶言小君內子可謂牽強已

螽斯后妃子孫衆多也言若螽斯不妒忌則子孫衆多也

螽斯羽詵詵兮螽斯蚣蝑也詵詵衆多也宜爾子孫振振兮振振仁厚也

螽斯羽薨薨兮宜爾子孫繩繩兮薨薨衆多也繩繩戒愼也

螽斯羽

揖揖兮。宜爾子孫蟄蟄兮。揖揖，會聚也。蟄蟄，和集也。

螽斯三章章四句

案。何楷曰。序云言若螽斯。宜絕句讀。謂后妃之子孫有如螽斯之衆多耳。鄭玄讀連下文。以螽斯比后妃。不倫甚矣。此詩以螽斯興子孫之衆多。非咏其羽也。螽斯羽蟲也。故擧羽以言。猶無羊羊以角言。牛以耳言也。凡蕃育之最多者。莫如螽斯。螽斯一生九十九子。云爾指后妃。言后妃不妒忌。故衆妾得以生子。而子孫衆多也。一人之稱曰后妃。則雖衆妾之子。猶后妃之子也。宜哉爾子孫振振。振振仁厚也。亦以見后妃之善教焉。而詩人贊美之意在言外。但言宜哉爾子孫振振。使人自思其所以宜者。何故而不明言其繇后妃之教而如此。夫性人人殊。則其德亦人人殊矣。故曰振振。曰繩繩。曰蟄蟄。見其衆而皆賢焉。

桃夭。后妃之所致也。不妒忌。則男女以正。婚姻以時。

國無鰥民。

桃之夭夭。灼灼其華。興也。桃有華之盛者。夭夭其少壯也。灼灼華之盛也。之子于歸。宜其室家。之子。嫁子也。于。往也。宜以有室家。無踰時者。○桃之夭夭。有蕡其實。蕡。實貌。非但有華色。又有婦德。之子于歸。宜其家室。家室猶室家也。○桃之夭夭。其葉蓁蓁。蓁蓁。至盛貌。有色有德。形體至盛也。之子于歸。宜其家人。一家之人盡以爲宜。

桃夭三章。章四句。

案。木有老木華夥而少木華希者。唯桃其性早華。故木少壯則其華盛。室家。謂夫婦也。左傳曰。女有家。男有室是也。桃之夭夭。其華灼灼。喻女子盛年容色當嫁時也。之子于歸。男女皆當其時。所以宜於夫婦也。道行于上俗美于下之謂化后妃之化自家而國男女以正婚姻以時而國無怨曠民矣二章有蕡其實以興非但有容色又有婦德也亦后妃之化所致也卒章既有容色又有婦德蓁蓁然至盛也所以一家之人盡以爲宜也朱熹謂詩人因婚姻之得時而歎其女子之賢按此詩槩指一時之風俗言豈凡女及時而嫁者皆足稱賢耶蓋紂之末年婚姻之不得其正者久矣自文王后妃之化行而嫁娶以時男女以正易曰男女正天地之大義也父父子子兄兄弟弟夫夫婦婦而家道正正家而天下定矣故后妃之德始於關雎而其及人之化亦始於桃夭也

兔罝后妃之化也關雎之化行則莫不好德賢人衆多也

肅肅兔罝椓之丁丁肅肅敬也兔罝兔罟也丁丁椓杙聲也赳赳武夫公侯

干城赳赳武貌干扞也。○肅肅兔罝施于中逵。逵九逵之道。赳赳武夫公侯好仇。○肅肅兔罝施于中林中林林中。赳赳武夫公侯腹心可以制斷公侯之腹心。

兔罝三章章四句。

案。椓擊也。干城以之自固。爲扞蔽若盾。爲防守如城然也。言在野之鄙夫逐兔之細事猶有肅肅之敬化所及遠也。且也其勇武實足爲公侯扞城焉鄙夫猶如此賢人衆多可知矣。𠀤章怨耦曰仇。反言之也。猶謂潔爲汙。好仇善匹也。夫之耦爲婦。君之耦爲臣。關雎好逑謂賢女此詩好仇謂良臣也。仇逑通。卒章腹心謂可與之謀慮也。故傳曰可以制斷公侯之腹心。夫國家氣運興則人才生。教化及則人才成。兩者合而蔚然起矣。夫惟魯之士。負氣之倫皆輪囷離奇不中繩墨者耳。道行乎上俗美乎下。則不知不識皆就陶冶。莫不好德於是乎赳赳之武夫可以爲扞城焉可以爲好仇焉可以爲腹心焉然是亦由上好賢而見有此才焉係之以有所聞施于中逵以有所見至施于中林則無所聞亦無所見矣於是焉知其賢則不遺側陋也夫渭濱猶中林乎遂出鷹揚之腹心蓋源乎此詩云

芣苢后妃之美也和平則婦人樂有子矣

采采芣苢薄言采之　采采非一辭也芣苢馬舃馬舃車前也宜懷妊焉薄辭也采取也　采采芣苢薄言有之　有藏之也　○采采芣苢薄言掇之　掇拾也　采采芣苢薄言捋之　捋取也　○采采芣苢薄言袺之　袺執衽也　采采芣苢薄言襭之　扱衽曰襭

芣苢三章章四句

案。采采、言采者多也。言、我也。曰采曰有、則始求而既得之辭。曰掇曰捋、則正采而拾取其子之辭。曰袺曰襭、則既采而携以歸之辭。人情變故艱難、則男女之累、惟恐其不輕和樂平寧。則生育之事、惟恐其不保。婦人采采芣苢、以備産難。當時之景象、可以想焉。而和樂平寧、本出於教化。所以本諸后妃之美也。或曰、婦人嬉游、非美俗。漢有游女、不如無游。此於成康之世、君子必譏矣。周南采爲盛世之風、則何也。曰、文王之時、殷紂在上、放溢妄行、無所不至。斮朝涉之脛、則孕婦之腹、剖心而覘其竅、燔人而聞其臭。鹿臺貫朽、而百姓不給。鉅橋粟紅、而仳貧不養。當此之世、野有采芣苢之婦、漢有出游之女。豈易得哉。其國之治、亦可以觀焉。夫習治則傷始亂、習亂則好始治。是以觀風者、必論其世也。

漢廣、德廣所及也。文王之道、被于南國、美化行乎江漢之域、無思犯禮、求而不可得也。

南有喬木。不可休息。漢有游女。不可求思。興也。南方之木美。喬上竦也。思辭也。漢上游女無求思者。

漢之廣矣。不可泳思。江之永矣。不可方思。潛行爲泳。永長。方泭也。

○翹翹錯薪。言刈其楚。翹翹薪貌。錯雜也。之子于歸。言秣其馬。秣養也。六尺以上曰馬。

漢之廣矣。不可泳思。江之永矣。不可方思。

○翹翹錯薪。言刈其蔞。蔞草中之翹翹者。之子于歸。言秣其駒。五尺以上曰駒。

漢之廣矣。不可泳思。江之永矣。不可方思。

漢廣三章。章八句。

案鄭玄曰。紂之時淫風徧於天下。維江漢之域先受文王之教化。南與南有樛木之南同。南方之木美。故咏南國之事者。以其土之所有興焉。漢江皆水名。南有喬木。其蔭不下及。故不可休息。以喻女之高潔而不可求也。

出游之女如此在室之女可知矣漢之不可泳江之不可方喩不可犯禮而致也言女非不可求也但媒妁以通言六禮以將之然後可求也猶之涉江漢必須假舟揖也如不思漢之廣而思潛行以泳不思江之永而思乘泭以涉江漢何也而可漫試乎哉易曰冶容誨淫凡女之不能却侮者容輕佻也不能持禮者情短淺也夫能顧百年終身之重不牽一旦情欲之私者容貌端整神情深永俾人望而自遠是故喬木以況容貌端整江漢以喩神情深永詞雖似復乎意自不相襲二章翹翹高貌薪柴也大者可析曰薪小者可束曰柴楚木名名荊學記所謂夏楚是也鄭玄云楚雜薪之中尤翹翹者我欲刈取之以喩衆女皆貞潔我又欲取其尤高潔者也見女慕貞潔亦男之知禮也馬所以駕也士昏禮壻親迎至婦家婦升車則壻授綏御輪以行此不可犯禮而求乃欲具禮而娶也卒章義同序自關雎至于芣苢皆以后妃德於此言文王者近者屬內遠者屬外也詩志云江漢楚地其先鬻熊事文王受封先諸姬是爲聖教首善地漢廣汝墳正當其時國風不列楚南可

以觀矣夫子憲章文武刪詩錄漢廣蓋有意焉齊魯不競徘徊陳蔡之間者數年意在楚平昭王之不祿夭也後儒論春秋夷楚未公論矣

汝墳道化行也文王之化行乎汝墳之國婦人能閔其君子猶勉之以正也

遵彼汝墳伐其條枚遵循也汝水名也墳大防也枝曰條幹曰枚未見君子惄如調飢惄飢意也調朝也○遵彼汝墳伐其條肄肄餘也斬而復生曰肄既見君子不我遐棄既已遐遠也○魴魚赬尾王室如燬赬赤也魚勞則尾赤燬火也雖則如燬父母孔邇孔甚邇近也

汝墳三章章四句

案序言汝墳之國孔穎達云以汝墳之厓表國所在猶江漢之域非國名也婦稱夫曰君子木大者伐其條小者全伐之故曰伐條枚遵彼汝墳伐其薪柴喻君子盡其才而就鄙役也而過時不來思之如朝飢之思食恭恐避役逃亡必憂及父母也二章朱熹曰伐其枚而又伐其肄則踰年矣於是乃歸來喜其不遐棄我而逃亡也卒章君子勞苦於役其瘦病如魚赬尾以紂之酷烈如燬故也乃勞之猶勉之曰雖則如燬當勉強從役父母在焉孔邇當思念之夫臣之於君違之退亡論已業已事之君雖無道乎臣不可以不忠也況父母孔邇亦有所不得已焉是所謂勉之以正也劉向列女傳曰周南之妻周南大夫之妻也大夫受命平治水土過時不來妻恐其懈于王事蓋與其隣人陳素所與大夫言國家多難惟勉強之無有譴怒遺父母憂昔舜耕于歷山漁于雷澤陶于河濱非舜之事而舜爲之者爲養父母也家貧親老不擇官而仕親操井臼不擇妻而娶故父母在當與時小同無虧大義不罹患害而已夫鳳凰不罹于蔚羅麒麟不入于陷穽蛟龍不及于枯澤鳥獸之

智。猶知避害。而況于人乎。生於亂世。不得道理。而迫于暴虐。不得行義。然而仕者。爲父母在故也。乃作詩曰。魴魚頳尾。王室如燬。雖則如燬。父母孔邇。蓋不得已也。君子於是知周南之妻而能匡夫也。或云。魚勞而頳。則水失其德。政虐而燬。則火旺其權。此周代商之隱語乎。父母孔邇。有人心陰戴周之象矣。興敗兆于巷謠。自古而然。

麟之趾。關雎之應也。關雎之化行。則天下無犯非禮。雖衰世之公子。皆信厚如麟趾之時也。

麟之趾。振振公子。興也。趾。足也。麟信而應禮。以足至者也。振振。信厚也。于嗟麟兮。于嗟。歎辭。〇麟之定。振振公姓。定。題也。公姓。公同姓。于嗟麟兮。〇麟之角。振振公族。麟角所以表其德也。公族。公同祖也。于嗟麟兮。

麟之趾三章章三句

案商紂之末俗奢壞禮關雎化行若桃夭之女子兔罝之野人漢廣汝墳之士女皆知守禮况公子宗族其信厚可知矣麟者信而應禮故喻公子信厚與禮相應也此后妃有關雎之德故致振振公子之應夫無關雎之德斯焉生斯公子故復嘆美之曰于嗟麟兮麟不常有不至則無見焉至焉必以足故先曰麟之趾已至而見定見角故下二章曰定曰角然此非寔致麟故謂之興也喻諸公子亦以言如麟至之時也夫有關雎之化而後致如麟趾之時也是麟之趾關雎之應也然而作詩者非一人豈相顧以爲終始乎哉叙諸此者亦太師之編意云朱熹於子孫振振訓衆多於振振公子訓仁厚不應同字作二解仁厚信厚則一耳論其世則不遠矣論其方則岐周也辭不當若是乖張矣

周南之國十一篇三十四章百五十九句

召南鵲巢詁訓傳第二

鵲巢夫人之德也國君積行累功以致爵位夫人起家而居有之德如鳲鳩乃可以配焉

維鵲有巢維鳩居之興也鳩鳲鳩秸鞠也鳲鳩不自爲巢居鵲之成巢之子于歸百兩御之百兩百乘也諸侯之子嫁于諸侯送御皆百乘○維鵲有巢維鳩方之方有之也之子于歸百兩將之將送也○維鵲有巢維鳩盈之盈滿也之子于歸百兩成之能成百兩之禮也

鵲巢三章章四句

案鄭玄曰鵲之作巢冬至架之至春乃成喻國君積行累功以致爵位也鳲鳩不自爲巢居鵲之成巢喻夫人

起家而居有之也御迎也或作迓百兩御之言其來嫁時也婦人善不出閨壼之中業不過邊饋之事所重均壹耳均壹則不變謂之貞不自爲就人謂之順貞而順婦德莫以尚焉夫鳩拙鳥也其性均壹不自爲就成巢有順之象雖拙乎有取均壹而順焉故序曰德如鳲鳩乃可以配焉卒章盈者喩衆媵姪娣之多也周南稱王者之化故曰后妃之德也召南美諸侯之德故本之夫人之德也其義則與關雎　也

采蘩夫人不失職也夫人可以奉祭祀則不失職矣

于以采蘩于沼于沚蘩皤蒿也于於沼池沚渚也公侯夫人執蘩菜以助祭神饗德與信不求備焉沼沚谿澗之草猶可以薦王后則荇菜也于以用之公侯之事之事祭事也○于以采蘩于澗之中山夾水曰澗于以用之公侯之宮宮廟也○被之僮僮夙夜在公被首飾也僮僮竦敬也夙早也被之祁祁薄言還歸祁祁

舒遲也。去事有儀也。

采蘩三章章四句。

案。祭統云。夫祭也者。必夫婦親之。所以備內外之官也。此夫人執蘩菜。以助祭也。蘩。水草之流也。圓曰池。曲曰沼。詩故云。祭有蒸有禴。蒸以薦品物。禴以薦新味。南國旅味莫先於蘩。孟春始芽。香脆可珍。故獨擧蘩以言之。言。往以采蘩于沼之沚。用之公之祭事。二章宮廟也。匹者。神無所依據。孝子以主繼心。廟者。所以藏主列昭穆也。卒章被。周官內司服所謂次。即髲鬄是也。在公。在公所也。諸侯之禮。夫人先一夕。視濯溉。朝視饎爨。是夙夜在公也。夫所存乎內。形乎容貌威儀。是故擧趾高而伯比知其必敗。受玉卑而子貢知其必死。被之僮僮。可以見竦敬矣。事之畢也。人之所忽也。於是被之祁祁。可以見不倦矣。是所謂不失職也。

草蟲大夫妻能以禮自防也。

喓喓草蟲趯趯阜螽興也喓喓聲也草蟲常羊也趯趯躍也阜螽蠜也卿大夫之妻待禮而行隨從君子未見君子憂心忡忡忡忡猶衝衝也婦人雖適人有歸宗之義亦既見止亦既覯止我心則降止辭也覯遇降下也○陟彼南山言采其蕨南山周南山也蕨鱉也未見君子憂心惙惙惙惙憂也亦既見止亦既覯止我心則說說服也○陟彼南山言采其薇薇菜也未見君子我心傷悲嫁女之家不息火三日思相離也亦既見止亦既覯止我心則夷夷平也

草蟲三章章七句

案忡忡憂貌鄭玄曰既見謂已同牢而食也既覯謂已昏也易曰男女覯精草蟲鳴阜螽躍而從之喻大夫之

妻。待禮而行隨從君子也。婦人雖適人。不當夫氏。則有歸宗之義。其當與否。未可以知。此所以未見君子憂心忡忡也。及其既見且覯也。乃我心降矣。謂放下心也。凡事之不成。多繇其心以爲易也。憂心忡忡。用心至矣。所謂以禮自防也。宜矣。遂獲我心則降也。二章言我也。我采蕨者。薇蕨二菜。大夫妻用以助祭者也。故以興焉。陟彼南山者。欲采其蕨。喩將嫁之女。欲當夫氏也。卒章未見君子。不惟憂心惙惙。又更有父母相離之思。惟父母思已。故已亦傷悲焉。若一於彼則骨肉薄矣。皆以禮自防也

采蘋。大夫妻能循法度也。能循法度。則可以承先祖共祭祀矣。

于以采蘋。南澗之濱。于以采藻。于彼行潦。蘋大蓱也。濱厓也。藻聚藻也。行潦流潦也。○于以盛之。維筐及筥。于以湘之。維錡及釜。方曰筐。圓曰筥。

湘亨也。錡釜屬。有足曰錡。無足曰釜。○**于以奠之宗室牖下。**奠置也。宗室大夫宗之廟也。大夫士祭於宗廟。奠於牖下。**誰其尸之有齊季女。**尸主。齊敬。季少也。蘋藻薄物也。澗潦至質也。筥錡釜陋器也。少女微主也。古之將嫁女者。必先禮之於宗室。牲用魚。芼之以蘋藻。

采蘋三章章四句

案。古者婦人嫁前三月。女師敎以四敎。祖廟未毀。敎于公宮。祖廟既毀。敎于宗室。婦敎既成。乃祭謂之敎成之祭。此詩即是也。蘋藻魚皆水物陰類。有潔清柔巽隱伏之象。故取之。婦行此未嫁前也。故以少女稱之。序稱大夫妻。以既許嫁也。三章意接連。須通解之。行潦流水也。藻隨流衍漾。莖葉條暢。尤爲可喜。往采蘋藻於澗潦。盛之筐筥。烹之錡釜。以奠之宗廟牖下。誰其尸之乎。有齊莊之少女焉。夫蘋藻薄物也。澗潦至質也。筐筥釜錡陋器也。少女微主也。唯是有婦德。是以足以配大夫矣。故曰可以承先祖共祭祀。謂夫氏之先祖也。

甘棠美召伯也召伯之教明於南國

蔽芾甘棠勿翦勿伐召伯所茇蔽芾小貌甘棠杜也翦去伐擊也茇草舍也○蔽芾甘棠勿翦勿敗召伯所憩憩息也○蔽芾甘棠勿翦勿拜召伯所說說舍也

甘棠三章章三句

案枝葉曰翦條榦曰伐召地名召公奭采邑也昔召伯之治南國也不欲變民事就蒸庶于阡陌隴畝之間舍于甘棠之下而聽斷焉國人被其德思其人雖蔽芾甘棠愛護而不忍傷之孔子曰吾于甘棠見宗廟之敬焉觀此可以說此詩矣祭之日入室僾然必有見乎其位周旋出戶肅然必有聞乎其容聲出戶而聽愾然必有聞乎其歎息之聲此宗廟之敬也民之于甘棠不必其有象于胸中也亦不必矜心而作意也經其前者止步

而憑弔坐其下者。告語而留連不知其爲誰。喜也。爲誰愛也。但一言召伯所茇而伯之衣冠笑戴皆棠也。伯之飲食笑語皆棠也。故不必贅辭也。若曰某事惟召伯之恩某政也召伯之德則斯召伯淺矣噫有棠可愛無德可名則恩之入人也深唯禮樂之敎爲爾。

卒章 拜屈也。如人身之拜低屈也。

行露召伯聽訟也。衰亂之俗微貞信之敎興彊暴之男不能侵陵貞女也。

厭浥行露豈不夙夜謂行多露。興也。厭浥濕意也。行道也。豈不言有是也。〇

誰謂雀無角何以穿我屋誰謂女無家何以速我獄不思物變而推其類雀之穿屋似有角者速召獄埆也。雖速我獄室家不足昏禮純帛不過五兩。

誰謂鼠無牙何以穿我墉誰謂女無家何以速我訟墉牆也。視牆之

穿。誰其類。可謂鼠有牙。

雖速我訟，亦不女從。不從。終不棄禮而隨此彊暴之男。

行露三章，一章三句。二章章六句。

案。召南之女許嫁矣。而見其禮不備，則不肯往。言行者豈不欲早夜而行乎。不敢行者，以道上多露故耳。以興我豈不欲從女之娉乎。不敢從者，以其禮不備故耳。一物不具，一禮不備，守節操義。必死不往。君子以爲得婦道之宜。二章以其不肯往，爲夫家所訟也。彼辭云。誰謂雀無角。若其無角，何以能穿我屋。以興誰謂我於女無爲室家之道。若其不爾，何以能速我獄。然室家之禮初未嘗備。亦猶雀實無角耳。凡事似而非者衆矣。辯利巧文。且籍勢厥爲有角亦甚。賢非召伯，孰能擇焉。或曰文王在上，召伯聽訟，宜無彊暴之訟。且也暴男侵貞女，女固可尚，男爲何人。豈王化獨及女，而不及男耶。曰此當文王與紂之時。文王之化漢矣。紂之俗豈其易革。何必無一二頑鈍梗化之民。而比屋竟可封乎。蓋化之入人不淺，則志可游移。而不必訟，士司不廉乎，則昭雪無路。

亦寃抑而不至于訟訟然後見文王之化訟然後見召伯之政故彊暴之男不能侵陵貞女

羔羊鵲巢之功致也召南之國化文王之政在位皆節儉正直德如羔羊也

羔羊之皮素絲五紽　小曰羔大曰羊素白也紽數也古者素絲以英裘不失其制大夫羔裘以居

退食自公委蛇委蛇　公公門也委蛇行可從迹也

○羔羊之革素絲五緎　革猶皮也緎縫也　委蛇委蛇自公退食○

○羔羊之縫素絲五總　縫言縫殺之大小得其制總數也　委蛇委蛇退食自公

羔羊三章章四句

案。皮所以爲裘也。大夫之裘用羔羊。取其羣而不黨也。非啻此矣。執之不鳴。殺之不嗥。類死義者。乳必跪而受之類。知禮者。死義生禮。是之謂羔羊之德。紽以絲英飾裘之名也。蓋兩皮之縫不易合。故織白絲爲紃施之縫中。連屬兩皮。因以爲飾。謂之紽。古者合五羊之皮爲一裘。故其數五焉。百里奚衣五羊之皮。蓋倣古制。姚旅云。一皮小則合縫多。英飾亦美。今只五紽。見其皮之人所謂節儉也。言在位其居家也。裘得其制。德稱其服。其退食自公也。委蛇然。行步有法。可使人蹤迹而效之。杜甫詩云。侍臣緩步歸青瑣。退食從容出每遲。可想是詩景況矣。蓋內有羔羊之德。而外形委蛇之節。此文王之化。自國君以及大夫也。故曰鵲巢之功致也。夫人臣之奇節。多見乎庸君而盛功必紀乎衰世。而化文王之政者。朝廷若無事矣。閭井若無聲矣。公庭若無訟矣。齋署若無官矣。故南國之人。歌詠其君。而不得歌詠其大夫。而已歌詠其大夫。而亦不得歌詠其服與度而已。夫國事叢脞。則當事者。跋前疐後。不得行步委蛇矣。退食自公委蛇委蛇。足以見君上之化。亦足以見大夫之材。**二章**皮

革對文則異散文則通緎縫之界也鄭玄曰自公退食猶退食自公

卒章

總猶紽

殷其靁勸以義也召南之大夫遠行從政不遑寧處其室家能閔其勤勞勸以義也

殷其靁在南山之陽殷靁聲也山南曰陽靁出地奮震驚百里山出雲雨以潤天下何斯違斯莫敢或遑何此君子也斯此違去遑暇也振振君子歸哉歸哉振振信厚也○殷其靁在南山之側亦在其陰與左右也何斯違斯莫敢遑息息止也振振君子歸哉歸哉○殷其靁在南山之下或在其下何斯違斯莫或遑處處居也振振君子歸哉歸哉

殷其靁三章章六句

案殷其靁喩人君出號令也到處服從如靁震驚百里何此君子去此奔於號令莫敢或遑閑劳之辭也古者成役中春而歸時雷乃發聲閨中思婦此時獨切故望其歸以思之然信厚之君子爲君行役事未畢豈可敢歸哉重言之者勸之之辭也

摽有梅男女及時也召南之國被文王之化男女得以及時也

摽有梅其實七兮興也摽落也盛極則隋落者梅也尚在樹者七求我庶士迨其吉兮吉善也（○）摽有梅其實三兮在者二也求我庶士迨其今兮今急辭也（○）摽有梅頃筐墍之墍取也求我庶士迨其謂之不待備禮也三十之男二十之女禮未備則不待禮會而行之者所以蕃育人民也

摽有梅三章章四句。

案七兮者十分之七也。庶衆也。廣求良耦。故曰衆。迨及也。摽有梅其實七兮。以喻女子盛年已將過也。序曰及時。及者汲汲之辭。不與桃夭以時同矣。然是盛年未盡於半也。求我庶士。欲及是善時焉。此蓋女父爲女求壻也。孟子曰丈夫生而願爲之有室。女子生而願爲之有家。父母之心人皆有之。女子盛年難久。譬梅實之易摽。故爲父母者有皇皇惟恐其晚之意焉。朱熹徑以爲女子自言。是所謂不待父母之命者也。安以爲被文王之化者哉。二章其實三兮。比七兮又過其半矣。故曰迨其今。今謂今日也。卒章塈之。取諸地也。已摽盡在地。喻至其限數也。故傳曰三十之男二十之女。謂之相約而已。不待備禮也。正義云。前賢有言。丈夫二十不敢不有室。女子十五不敢不事人。男自二十以至三十。女自十五以及二十。此爲限數。嫁娶不得過此也。先是則速。後是則晚矣。故三十之男二十之女。不待禮會而行之。夫聖人之慮天下也。血氣既壯。難盡自節。情竇既開。奚顧禮義。故昏姻欲及時者、所以全節行于未破之日也。故使男不踰三十、女不踰二十。今男女得以及時者、文王之化使熟也。

小星。惠及下也。夫人無妬忌之行、惠及賤妾。進御於君、知其命有貴賤、能盡其心矣。

嘒彼小星。三五在東。嘒、微貌。小星、衆無名者。三、心。五、噣。四時更見。肅肅宵征、夙夜在公。寔命不同。肅肅、疾貌。宵、夜。征、行。寔、是也。命不得同於列位也。

〇嘒彼小星。維參與昴。參、伐也。昴、留也。肅肅宵征、抱衾與裯。寔命不猶。衾、被也。裯、襌被也。猶、若也。

小星二章。章五句。

案。三謂心星。東方之宿也。五謂柳星。本南方之宿也。正月則在東方。嘒彼小星。以喻衆妾。心獨在東。以喻夫人也。衆妾不敢當夕。見星而往。見星而還。雖夙是夜。故曰宵征。古者后夫人將侍君前息燭後擧燭至于房中。釋朝服。襲燕服。然後入御于房。雞鳴太師奏雞鳴于階下。然後夫人鳴佩玉于房中。告去。是夫人往來舒而有儀。諸妾肅肅夜行。或早或夜在於君所。各安其分。不敢褻瀆。以得御於君。爲夫人之惠。是知命不同也。以賤妾得進御于君。非情欲之得肆則僭恣之可行。又不爾則怨嗟之易起。而惟肅肅勤於夙夜。引而歸之于命。非禮之嚴而感之深。或曰歸之于命。似隣于怨矣。而得其肅肅二字。其非自諉咎于命者宛乎在目中矣。蓋夫人無妬忌之行。而賤妾感其恩。所謂上好仁而下必好義者也。大氐人情不得於天則怨天。不得於人則尤人。爲不知命也。知命則無怨尤。無怨尤則能安分。夫貴賤窮通天之命也。非人力所能矣。如夫戚戚乎貧賤以訑人汲汲乎富貴以身徇。豈不愧小星之賤妾哉。**卒章**抱衾與裯即掌御叙于燕寢之事。不猶言貴賤不相若也。

江有汜美媵也勤而無怨嫡能悔過也文王之時江沱之閒有嫡不以其媵備數媵遇勞而無怨嫡亦自悔也

江有汜興也決復入爲汜之子歸不我以不我以其後也悔嫡能自悔也○江有渚渚小洲也水岐成渚之子歸不我與不我與其後也處處止也○江有沱沱江之別者之子歸不我過不我過其嘯也歌

江有汜三章章五句

案之子謂嫡也婦人謂嫁爲歸我我于媵不我以者不以我備數也公羊傳云諸侯娶一國則二國往媵以姪娣從之凡一娶九女矣時有嫡不以其媵備數既而自悔水決之岐流復還本水以喻媵始不容而後終見容

也。故以江大喩嫡，以汜喩媵。大氐以物興焉，義多在有章。其曰渚、曰沱，引而演之耳。之子歸不我以，人情之所常有。不我以其後也悔，則人情之所甚難也。非感被文王后妃之化，何以至此。**二章**不我與，不與我俱也。**卒章**不我過，不我顧也。嘯，蹙口出聲也。言悔過自嘯歌也。召南之有江汜，其待興於關雎乎。關雎思得窈窕，以其內職。而南國之夫人不以其媵備數。所繇與寤寐思服者異矣。猶幸其悔心之萌也。蓋起化者與被化者，安勉不同，故應之者亦自不得不異耳。

野有死麕，惡無禮也。天下大亂，彊暴相陵，遂成淫風。

被文王之化，雖當亂世，猶惡無禮也。

野有死麕，白茅包之。郊外曰野。包，裹也。凶荒則殺禮，猶有以將之。野有死麕，羣田之獲而分其肉。白茅取淨潔也。有女懷春，吉士誘之。懷，思也。春不暇待秋也。誘，道也。○林有樸樕野有死鹿白茅純束樸樕小木也野有死鹿廣物也純束猶包之也有女如玉德如玉也◯舒而脫脫兮舒徐也脫脫舒遲也無感我帨兮感動也帨佩巾也無使尨也吠尨狗也非禮相陵則狗吠

野有死麕三章二章章四句一章三句

案殷紂之世禮廢民貧彊暴相陵嫁娶無禮南國被文王之化惡其無禮言凶荒則殺禮猶有以將之雖不能用鴈幣死麕白茅猶可以代之禮秋冬爲正昏之時荀子曰霜降逆女又家語曰群生閉藏乎陰而爲化育之始故聖人以合男女窮天數也霜降而婦功成嫁娶者行焉是皆以秋冬爲正昏也吉士善士也誘謂以禮道之如儀禮誘射論語善誘人之誘有女懷春年期已將盡矣不暇待秋也女氏雖急於求配而欲吉士以禮道之其思無禮如此此蓋女家之辭也若以作女子之辭則安得自表懷春自稱如玉哉殊非詩人之本旨矣

章樸樕之中。及野有死鹿也。言所不獨野物不獨麕也。德如玉。見其能自珍不任受玷之意焉。卒章舒而脫脫兮。言女子之儀容也。亦上章如玉之意。我我于女子亦女家之辭也。非禮相陵。主不迎客。則有狗吠。無感我帨。無使尨吠。皆拒強暴無禮之辭也。曰野曰林曰尨。宛然一村落風景。雖小民之家知惡無禮。教化所及深矣。朱熹云。述女子拒之之辭。不且墮淫褻暗約之蹊竇乎。因滯一我字耳

何彼襛矣。美王姬也。雖則王姬亦下嫁於諸侯。車服不繫其夫。下王后一等。猶執婦道以成肅雝之德也。

何彼襛矣。唐棣之華。興也。襛猶戎戎也。唐棣移也。曷不肅雝。王姬之車。肅敬。雝和。○何彼襛矣。華如桃李。平王之孫。齊侯之子。平正也。武王女。文王孫。適齊侯之子。○其釣維何。維絲伊緡。齊侯之子。平王之孫。伊維。

緡綸也。

何彼襛矣三章章四句。

案何者嘆美之辭猶云何以如此乎襛訓曰猶戎戎也。戎戎盛貌周禮巾車職云王后之五路。重翟鍚面朱總。厭翟勒面繢總安車彫面鷖總皆有容蓋翟車貝面組總有握輦車組輓有翣羽蓋。今下王后一等則厭翟以下皆具焉是以翟雉之羽爲之飾以畫文總飾馬勒馬面者美盛以耀觀視故以唐棣之華況之曷不推知之辭蓋如以車聲知蘧伯玉也和鸞有節則可以知肅雝矣周王之女姬姓故曰王姬何彼襛矣唐棣之華以喻車飾之美盛也曷不肅雝乎。王姬之車乃知其尊如此。猶執婦道以成肅雝之德也鄭玄曰唐棣之華喻王姬顏色之美盛然王姬之尊其車皆有容蓋如其顏色豈衆人之所得而觀哉二章華如桃李猶云如桃李華爲韻耳亦以喻車飾之美盛宜哉是乃武王之女文王之孫適彼齊侯之子者也美之以本之父祖也卒章緡訓爲綸。合絲以爲綸也。釣者維何用。維絲以爲綸。而後得魚。以興娶者必媒妁以將之而後得妻。天子嫁女。使同姓諸侯主之。蓋言此也。上章先言平王之女。此章先言齊侯之子。亦爲韻耳。〇愚嘗疑襛矣東遷後詩。何以得入二南。毛氏訓平爲正。云武王之女文王之孫適齊侯之子。諸儒遞相祖述而莫之更。故仍辭如右。然秦火餘燼。胡可必篇次不錯哉。終不能安其說。後得子貢傳者讀之。其書與今小序。大不同矣。篇次亦異。漢世稱齊魯韓。豈或齊魯之傳邪。至其題曰子貢。及於關雎傳後。依附擬託孔子數言。以大學正心修身。治國平天下之說。連綴諸大序之義。則後世理學者流僞者以疑。蓋是據告往知來之言。以爲子貢。又以關雎是三百篇之首。而其序寂寥。乃僞補數語。反見其鄙耳。明鄒忠胤爲之闡以表章其說。雖多不可信者。而非復後世朱傳之陋之比也。是亦詩家之一說也。此詩列於下風。以爲齊襄公□□□王。周人恥之。賦何彼襛矣。雖有闕文。考之首尾。當是襄公結昏于王。則不費強回之解。其義自明矣乎王卽東周平王也。如詩義。亦見車飾之美。肅雝之德。惜之之辭也。鄒忠胤之言盡矣。乃附于左。又何楷世本古義云。美王姬下嫁齊桓公也。以春秋莊公十有一年冬王姬歸于齊當之。因其在二南。作之說曰。夫子特錄此詩。附于召南。蓋許齊桓與召公媲美。寓意深矣。姿哉此出於何傳。蓋是謬解論語。正而不譎。以爲桓公終身之行。又惑宋儒因孔子仁管仲而執薄昭之言。易兄弟行。以弁桓公爲正。遂立此說耳。殊不知正而不譎云者本語軍旅之道也。是褒桓而貶文之言。豈評桓公之爲人哉。又薄昭以桓公爲兄。一時爲文帝避就者。豈可以徵乎。考之荀子越絶等。子糾兄而小白弟。章章審矣。且管子載召忽之言云。百年之後。吾君下世。有犯吾君命而廢吾所立。奪吾糾也。雖得天下。吾不生也。是子糾當立。有先君之命也。孔子未嘗仁桓公。而唯仁管仲則桓公之罪可知已。豈可齊桓與召公同日而語哉。鄒忠胤云。三百篇槩多錯簡。學者不得古本見之。即心知其錯無敢出一語以相證。如何彼穠矣。一詩明言平王之孫。其爲東遷以後何疑。以其竄於召南。如稷蜂之不可攻也。遂強爲之釋。曰平王爲平正之王。齊侯爲齊一之侯。如

書稱寧王易稱康侯之類此正與釋執競之成康爲成
大功而安之同一謬妄蓋泥成康沒而頌聲寢而召南
作於文王時距平王不啻遠也惟章俊卿考索力詆舊
註之外直以爲即春秋所書歸齊之王姬然終無解於
篇次之殽亂乃依違其說曰爲詩之時則東周也采詩
之地則召南也夾漈鄭氏亦云曾不思黍離既作甘棠
故地已非復爲周有天朝歸妹何與岐雍舊民事穠李
之歌不與摽梅苡奏審矣顧安所采此或者又見春秋
所書王姬歸齊未知孰是此詩所咏夫帝子下降何國
蔑有即齊以名邪聯姻王室當亦不止此二姬特餘魯
主婚則書非魯主婚則不書耳乃莊十一年之書詞畧
不若元年之書詞詳者此即刪詩錄彼穠意也車中之
難魯與齊襄讎不共戴莊王即欲以遺姑繫援大國豈
無嘉偶而必適淫穢之雄狐又其它同姓之侯誰不可
爲婚主而必以屬儼然在縗絰之魯爲魯人者縱餌榮
叔之錫命獨不當引義力辭乎而僕僕焉甘心爲讎人
役何也周與魯蓋胥失焉夫子故詳書其事以表義而
傳或以築館於外爲禮或以築之爲禮於外非禮而爲

變之正其所爭者末矣。今論禮矣三章華多照耀之色。絲綴比合之情。車爲載德之輿。庶乃降王之貴意命象中。情溢言表。若曰世固有好逑如是乎。惜也此王姬之車耳。章後卿又移過於王姬。謂詩人刺其容色之徒美而無肅雍之德。想姬固當不受。序以爲美王姬之肅雍。姬亦未必遽受。惟詩傳以爲周人恥之而賦。嗟乎非獨周人恥之。即王姬亦應恥之矣。又非獨爲周恥之。兼亦爲魯恥之矣。

騶虞鵲巢之應也。鵲巢之化行人倫既正。朝廷既治。天下純被文王之化。則庶類蕃殖。蒐田以時。仁如騶虞。則王道成也。

彼茁者葭。茁出也。葭蘆也。壹發五豝。豕牝曰豝。虞人翼五豝以待公之發。于嗟乎騶虞。騶虞義獸也。白虎黑文。不食生物。有至信之德則應之。○彼茁者蓬。蓬草名也。壹發五

豵 一歲曰豵 于嗟乎騶虞

騶虞一章章三句。

案蘆之茁然始生春田之得時也公之射一發而虞人驅五豝以待之此蕃之至也然猶不敢盡取之一發而已亦見仁及物焉蓋王者奉天道以統御萬方則寰宇之間凡人民庶物咸賴我以育者也尚書命義和及鳥獸之微周禮體國經野及山澤之政無不詳且備是皆仁及於物也非天下純被文王之化何以至此故嘆美之曰于嗟乎騶虞言仁如騶虞也或謂騶虞非獸此官名也夫麟趾以應關雎騶虞以應鵲巢義例相合則騶虞爲義獸亡疑但麟者百獸之長也故取以喩王者之仁騶虞臣乎麟者也故取以喩諸侯之義云朱熹云一發五豝猶言中必疊雙也是後世之巧射窮兵黷武者所爲非古之禮射矣又云豝牡豕也夫豕牝曰豝爾雅之訓不可易今顚悖爾雅可謂鹵莽已卒章一歲曰豵則豝大乎豵矣葭叢高故豝藏焉蓬叢低故豵藏焉夫

鵲巢之化行而後見天下純被文王之化矣其敘諸此者義與麟趾同序云王道成也者總二南而言則周南召南正始之道王化之基者也

召南之國十四篇四十章百七十七句

毛詩補義卷一終

毛詩補義卷二

邶柏舟詁訓傳第三

漢　趙人　毛公　傳

日本　西播　岡白駒補義

柏舟言仁而不遇也衛頃公之時仁人不遇小人在側

汎彼柏舟亦汎其流興也汎汎流貌柏木所以宜為舟也亦汎汎其流不以濟渡也耿耿不寐如有隱憂耿耿猶儆儆也隱痛也微我無酒以敖以遊非我無酒可以敖遊忘憂也○我心匪鑒不可以茹鑒所以察形也茹度也亦有兄弟不可以據據依也薄言往愬逢彼之怒彼彼兄弟○我心匪石不可

轉也我心匪席不可卷也（石雖堅尚可轉席雖平尚可卷）威儀棣棣不可選也（君子望之儼然可畏禮容俯仰各有威儀耳棣棣富而閑習也物有其容不可數也）○憂心悄悄慍于羣小（慍怒也悄悄憂貌）覯閔既多受侮不少（閔病也）靜言思之寤辟有摽（靜安也辟拊心也摽拊心貌）○日居月諸胡迭而微心之憂矣如匪澣衣（如衣之不澣矣）靜言思之不能奮飛（不能如鳥奮翼而飛去）

柏舟五章章六句

案柏舟有濟渡之用而汎汎漂流以喻仁人有輔佐之才而不庸也耿耿不寐如有隱憂忠臣惓惓不忘君也微之言非也非我無酒可以敖遊忘憂也而此憂非酒與敖遊之所能解也則其憂深矣二章兄弟者同僚之稱言我愬告也我心匪鑒不能度所以不見容不尤人而自責仁人之心也忠佞異腸意嚮不同亦有兄弟不

可以依矣往告其情反逢彼之怒言非啻上不得乎君也亦下不得于寮友也

二章 承上而言於是我知其所以不見容矣然君子終不可以是故易其所守石雖堅尚可轉迫之以阨窮而不可轉其志席雖平尚可卷臨之以榮辱而不可卷其心孔子曰吾於柏舟見匹夫執志之不可易也此之謂也威儀棣棣不可選也道上下內外皆有威儀也

四章 羣小謂在側小人也既爲之見病又受侮多中夜安靜我思之寤覺摽然拊心憂之至也君子見遠識微故憂先于事小人見短慮淺故見利忘危見君子與已異則輙疾之自古小人用事仁人不遇其勢然也

卒章 居諸語辭曰君象也月臣象也蓋羣小用事遮見于天日月迭食也曰乎月乎胡迭而微見君臣並昏焉心之憂矣如匪澣衣非自傷不遇也憂國之情溢于言外孔子曰仁矣豈不然乎雖然不忍奮飛而去厚之至也仁人之志也若夫懷沙自沈不亦已甚乎朱熹以此詩爲婦人之詩引列女傳爲證然劉向封事亦引此詩二章而曰小人成羣亦足慍也此正合序意矣夫一劉向也列女傳之說可信封事之說獨不可

信乎或以爲彼原于詩人而說此斷章取義則列女傳直爲衞宣夫人詩而宣姜之不淑于政奚且淫爲貞乎因是又疑莊姜是終弗可據已又以日月喻嫡妾夫日以象君月以象后星以象妾詩人取喻如是而已今嫡自居于日以月比妾不倫甚矣且章首酒與敖遊豈婦人之事此正與卷耳之說同一謬妄已

綠衣衞莊姜傷己也妾上僭夫人失位而作是詩也

綠兮衣兮綠衣黃裏興也。綠間色黃正色心之憂矣曷維其已憂雖欲自止何時能止也綠兮衣兮綠衣黃裳上曰衣下曰裳心之憂矣曷維其亡○綠兮絲兮女所治兮綠末也絲本也我思古人俾無訧兮俾使訧過也○絺兮綌兮淒其以風淒寒風也我思古人實獲我心古之君子實得我之心也

綠衣四章章四句。

案。左傳衛莊姜美而無子公子州吁。嬖人之子也毋嬖子驕。所謂妾上僭。夫人失位也。合青黄而成綠謂之間色。黄中央之正色也。正色當爲衣。閒色當爲裏。夫綠也衣也。自有定制。綠衣黄裏。以喻妾上僭。而夫人失位也。是以心之憂矣。何時其可止也。二章 王肅云衣正色裳閒色。今綠衣黄裳亦以喻貴賤倒置也。亡失也謂失去惟夫莊姜之憂曷維其已。曷維其亡豈特爲嫡妾易位哉。幾若隱見他日之禍者矣。後州吁果以簒立。衛爲之大亂。莊姜之憂於是乎驗。夫内寵並后嬖子匹嫡古未有不亂者。有國者其可不鑒耶。三章 女汝指染絲者治謂染治之也。夫絲本也。綠末也。皎皎練絲唯女所治染諸綠則綠。以喻習於邪則邪也。今妾上僭由禮之廢耳我思古者制禮者俾人無過差。四章 絺綌暑服也用之寒風淒然之時失所甚矣。以喻嫡妾易所也。亦以寫其淒涼景况焉因思古人制禮者乃眞得我心者也。不與爭黄角綠而遠思古人。幾君子之心也。鬚眉之士一

失其所輒不勝怨尤豈不羞於綠衣婦人哉

燕燕衛莊姜送歸妾也

燕燕于飛差池其羽燕燕鳦也燕之于飛必差池其羽之子于歸遠送于野之子去者也歸歸宗也遠送過禮于於也郊外曰野瞻望弗及泣涕如雨瞻視也○燕燕于飛頡之頏之飛而上曰頡飛而下曰頏之子于歸遠于將之將行也○瞻望弗及佇立以泣佇立久立也○燕燕于飛下上其音飛而上曰上音飛而下曰下音之子于歸遠送于南陳在衛南瞻望弗及實勞我心○仲氏任只其心塞淵仲戴嬀字也任大塞瘞淵深也終溫且惠淑愼其身惠順也○先君之思以勗寡人勗勉也

燕燕四章章六句

案莊姜無子陳女戴嬀生子名完莊姜以爲己子莊公薨完立是爲桓公州吁弒桓公自立戴嬀于是大歸莊姜於嬀以子相依平素相善故遠送之野燕燕古人多重言差池不齊之貌無聲出涕曰泣自目曰涕燕燕于飛差池其羽以喻戴嬀之往歸我遠送之于野彼去我留稍稍更遠瞻望不能及徒垂涕泣耳關山寥落隻影孤飛淒然離别之感實溢于言表夫戴嬀之歸以桓弒也别爲非常之别則痛亦非常之痛矣豈若尋常臨岐戀戀而已乎州吁方阻兵安忍其情有不可言者衛之亂國之危悉寓涕泣之中矣**二章**頡之頏之之語辭將之謂爲之送也頡頏下上雖若盤旋都成去色無非助其淒瑟者矣**卒章**只語辭塞猶實也故傳曰瘞瘞亦實之義也淑善也先君謂莊公寡人莊姜自稱也莊姜既送戴嬀因思其德行嗟乎大矣仲氏之行誠實深遠溫且惠終始如一善慎其身及將歸也思先君之故猶勸勉寡人以德義徐光啓云凡人朝夕相會雖深恩厚誼

都可相忿一經別離便想其好處況戴嬀之賢如此未亡人之心豈不及於此哉詩之曲盡人情如此

日月衞莊姜傷己也遭州吁之難傷己不見荅於先君以至困窮之詩也

日居月諸照臨下土（日乎月乎照臨之也）乃如之人兮逝不古處（逝逮古故也）胡能有定寧不我顧（胡何定止也）◯日居月諸下土是冒（冒覆也）乃如之人兮逝不相好（不及我以相好）胡能有定寧不我報（盡婦道而不得報）◯日居月諸出自東方（日始月盛皆出東方）乃如之人兮德音無良（音聲良善也）胡能有定俾也可忘◯日居月諸東方自出父兮母兮畜我不卒胡能有定報我不述（述循也）

日月四章章六句。

案。朱熹云。日居月諸。呼而訴也。之人。謂莊公也。不故處言。違其初時也。寧何也。日乎月乎。照臨之矣。乃有如之人。接及于我。不以故處。甚違其初。是其心胡能有定止乎。何爲不我顧乎。猶望其顧焉。此詩之所以爲作也。二章。相好。相愛也。不我報。不見答也。三章。德音聞於世之聲也。俾也可忘。使之人可忘我也。卒章。東方自出。國語也。畜養。卒終也。不得其夫而嘆父母養我之不終。自是婦人情態。不述不循禮也。司馬遷有言。夫天者人之始也。父母者人之本也。人窮則反本。故勞苦困窮。未嘗不呼天也。疾痛慘怛。未嘗不呼父母也。莊姜盡婦道而不見答。又遭州吁之難。可謂困而窮矣。

終風。衛莊姜傷己也。遭州吁之暴。見侮慢不能正也。

終風且暴。顧我則笑。興也。終日風爲終風。暴疾也。笑侮之也。謔浪笑敖。言戲謔不敬。中心是悼。○終風且霾。霾雨土也。惠然肯來。言時有莫往莫來。悠悠我思。人無子道以來事己。己亦不得以母道往加之。○終風且曀。不日有曀。陰而風曰曀。寤言不寐。願言則嚏。疐跲也。○曀曀其陰。如常陰曀曀然。虺虺其靁。暴若震靁之聲虺虺然。寤言不寐。願言則懷。懷傷也。

終風四章章四句。

案。浪放蕩也。敖傲通。終日風且暴。以喩州吁之暴戾也。顧我侮笑。謔浪笑敖。無所不至。然不能之正。徒中心悼而已。夫以狂暴之人。見思古之貌。顧我則笑。亦宜矣。古今小人之情態。不獨州吁也。二章。惠順也。悠悠思之長也。言有時乎惠然肯來。而終非子道矣。莫來則莫往。徒我思悠悠而已。三章。不日不旋日也。言我願思也。疐欬欠張口也。志倦則欬。不日有曀。喩暫惠然而終又暴也。夫人有思則不能寐。思之不已。我則疐也。疐或作嚏。案毛詩本作疐。又作疐其作嚔者是。從鄭玄崔氏云。毛訓疐爲㰦。今俗人云欠欠㰦㰦是也。㰦作跲非。今從崔氏。

卒章 虺虺靁震聲也。亦喩其暴。比之終風又其甚矣。沈無回云。讀栢舟以下五詩。有憂而無怨。有望而無絶。慷憫之末。必反和平。傷悼之餘終闕禮義。不幸値人倫之變。而意詞猶有先王之遺焉。以之續二南。意或在斯乎。朱熹云。莊公之爲人。狂蕩暴疾。莊姜不忍斥言。以終風爲比。吁。莊姜之賢。何比夫之至於此乎。此詩謂母憂子。則爲賢母。謂婦怨夫。則傷於忿矣。莊姜而豈然哉。

擊鼓。怨州吁也。衛州吁用兵暴亂。使公孫文仲將而平陳與宋。國人怨其勇而無禮也。

擊鼓其鏜。踊躍用兵。鏜然擊鼓聲也。使衆皆踊躍用兵也。土國城漕。我獨南行。漕衛邑也。○從孫子仲。平陳與宋。孫子仲謂公孫文仲也。平陳於宋。不我以歸。憂心有忡。憂心忡忡然。○爰居爰處爰喪其馬。有不還者。有亡其馬者。
于以求之于林之下。山木曰林。○死生契闊與子成說。契闊勤苦也。說數也。
執子之手與子偕老。偕俱也。○于嗟闊兮不我活兮。不與我生活也。
于嗟洵兮不我信兮。洵遠。信極也。

擊鼓五章章四句。

案左傳隱公四年春。衛州吁弑桓公而立。宋殤公之卽位也。公子馮出奔鄭。鄭人欲納之。及衛州吁立。將修先君之怨於鄭。而求寵於諸侯以和其民。使告於宋曰。君若伐鄭以除君害。君爲主。敝邑以賦與陳蔡從。則衛國之願也。宋人許之。於是陳蔡方睦於衛。故宋公陳侯蔡人衛人伐鄭。秋諸侯復伐鄭。而衛與焉。是歲九月。衛人殺州吁于濮。夫州吁篡國。不滿三時而伐鄭之師已再。舉其阻兵安忍虐用其民甚矣。故怨作是詩。兵。兵器也。

土上功也。我獨者，怨尤之辭。鏜然，擊鼓，使衆踊躍用兵。見州吁好兵喜鬭之狀焉。民赴于鋒鏑之難，且也不啻也。土功于國，又築城于漕，而更有是役。民知何勝其勞苦。

二章 子仲，字也。蓋時軍帥也。此言士卒從孫子仲伐鄭也。而不曰伐鄭，而曰平陳與宋，何也。夫州吁之亂，其民不和，際在內，而欲藉外交。是有南行之役。南行以伐鄭爲名，伐鄭以修先君之怨爲名。國人知其意不在鄭，在求寵于諸侯，以和其民也。故不曰伐鄭，而曰平陳與宋。蓋斷州吁之志也。必平陳者，何也。夫桓公者，戴嬀之子，陳之甥也。弑桓而立，首問罪者，必陳也。且陳內有骨肉之親，而外有天王之寵。陳平，則諸侯不足問也。必與宋，何也。宋爲大國，而近衞。時宋鄭有仇，機會易連，得宋以爲固，則其勢足以平陳也。傳曰：平陳於宋。有味哉。向伐鄭也，圍其東門，五日而還矣。未幾，從諸侯伐鄭，則雖纔歸而又往。故曰不我以歸，忡忡憂貌。

三章 以下從軍者家人之怨也。言爰居乎，爰處乎。一往不知所在，有不還者，有亡其馬者。往以求之，必在山林之下矣。民之怨有不可勝者。

四章 專其婦之怨也。言初我適子也，成死生勤苦與子同數之誓又有執手偕老之約而今不生還其悲怨有不可言者卒章濶久不相見也信極也謂終也于嗟今闊兮不與我生活于嗟今遠兮不與我同終皆悲怨之辭也

凱風美孝子也衛之淫風流行雖有七子之母猶不能安其室故美七子能盡其孝道以慰其母心而成其志爾

凱風自南吹彼棘心興也南風謂之凱風樂夏之長養棘難長養者棘心夭夭母氏劬勞夭夭盛貌劬勞病苦也〇凱風自南吹彼棘薪棘薪其成就者母氏聖善我無令人聖叡也〇爰有寒泉在浚之下浚衛邑也在浚之下言有益於浚有子七人〇母氏勞苦〇睍睆黃鳥載好其音睍睆好貌有

子七人莫慰母心也慰安

凱風四章章四句

案衛之淫風雖七子之母猶不安其室欲去嫁也七子善慰其母心凱風吹棘心喻母育養幼子之勤也以及至其夭夭母氏劬勞亦甚矣朱熹云本其始而言以起自責之端也**二章**令善也棘之成薪以喻子成長也言母氏有叡善之德我得以成長也然母氏不安其室我無善人能安之者也不咎母而自責斯見孝子之情焉易曰幹母之蠱不可貞以剛乘柔而治其事當巽以入之使之身正事治而已若伸己陽剛之道遽然矯拂則傷恩滋大此凱風之自訟蓋寓幾諫之義所以不失爲孝也味此詩可以得古人幾諫之道詩測云母氏聖善說者爲歸美之詞非也自他人觀之謂凱風之母淫自七子言之以己爲不令不能不以母爲叡善也愚謂此誠是矣而叡善當亦非虛語也從來善淫者多出于聰慧婦人風俗所染好惡殊德可恨可惜**三章**寒泉之在

浚之下。有益於浚。有子七人。母氏不免勞苦。曾寒泉之不如也。有七子之母。欲去嫁。不斥其淫。謂之勞苦。不咎其母。謂之已之雖有無益。蓋婉其辭。幾諫者也。卒章載之言。睍睆以其色。言睍睆黃鳥。載好其音。足怡悅於人。有子七人。不能安母心。亦自責之辭也。王氏云。睍睆。黃鳥之色。一字從目。知其爲色也。郝仲輿亦云。猶燿也。大東。睆彼牽牛。檀弓。華而睆。皆明也。字從日。朱熹謂鳥聲。誤。

雄雉。刺衛宣公也。淫亂不恤國事。軍旅數起。大夫久役。男女怨曠。國人患之。而作是詩。

雄雉于飛。泄泄其羽。興也。雄雉見雌雉飛。而鼓其翼泄泄然。我之懷矣。自詒伊阻。詒。遺。伊。維。阻。難也。○雄雉于飛。下上其音。展矣君子。實勞我心。展。誠也。○瞻彼日月。悠悠我思。瞻。視也。道之云遠。曷云能來。

○百爾君子不知德行不忮不求何用不臧 忮害。臧善也。

雄雉四章章四句

案是詩男女怨曠由軍旅數起國人患之而作則室家之怨爲多二章以下皆是也泄泄鼓翼貌懷安也雄雉見雌雉泄泄其羽以喩宣公志在婦人而不恤國事也而我安其朝而不去今久役不得歸是自遺維患難也

二章 以下室家之患也展矣言果今日遺維難也君子謂其夫也言誠矣君子果選佚雖實使我勞心

三章 云語辭瞻彼日月夫從役已久矣悠悠我思不能已道之云遠不知何時歸來耶

卒章 百爾君子泛指同時衆在位言告爾衆在位我婦人不知何物爲德行也我但知不忮害于人物不貪求于非有則何往而不善乎蓋外爲宣公慮而內恐其夫之及也宣公之數起軍旅也非懷私復怨則必利人土地耳故以不忮不求刺之夫利爲害本而福爲禍先非其道而行之雖勞不至非其有而求之雖強不得是故賢者不爲非其事智者不求非

其有不忮不求之謂也。

匏有苦葉刺衞宣公也。公與夫人並爲淫亂。

匏有苦葉。濟有深涉。興也。匏謂之瓠。瓠葉苦不可食也。濟渡也。由膝以上爲涉。深則厲。淺則揭。以衣涉水爲厲。謂由帶以上也。揭褰衣也。遭時制宜。如遇水深則厲。淺則揭矣。男女之際。安可以無禮義。將無以自濟也。○有瀰濟盈。有鷕雉鳴。瀰深水也。盈滿也。深水人所難也。鷕雌雉聲也。衞夫人有淫泆之志。授人以色。假人以辭。不顧禮義之難。至使宣公有淫昏之行。濟盈不濡軌。雉鳴求其牡。濡漬也。由輈以上爲軌。違禮義不由其道。猶雉鳴而求其牡矣。飛曰雌雄。走曰牝牡。○雝雝鳴雁。旭日始旦。雝雝雁聲和也。納采用雁。旭日始出。謂大昕之時。士如歸妻。迨冰未泮。迨及。泮散也。○招招舟子。人涉卬否。招招號召之貌。舟子舟人。主濟渡者。

卬我也。**人涉卬否。卬須我友。**人皆涉。我友未至。我獨待之而不涉。以言室家之道。非得所適貞女不行。非得禮義。昏姻不成。

匏有苦葉四章。章四句。

案。匏葉苦不可食也。但佩之以共濟而已。而必待經霜其葉枯落。然後可用。今尚有葉。則未可用也。言匏有苦葉。未可用。濟有深涉。不可渡。以興人有禮義。不可越也。然禮遵時制宜。如遇水深則厲。淺則揭矣。亦有豐殺耳。男女之際。安可以無禮義乎。以刺宣公與夷姜淫亂也。

二章 瀰然濟盈。人所難也。以喩禮義人所重也。鷕然雉鳴。雌雉之求牡也。以喩夷姜之啟發宣公也。夫水則以舟。陸則以車。今車臨于濟盈。而爲不濡軌。溺而不自覺也。夷姜不顧禮義之難。授公以色。假之以辭。啟發之。遂至使烝焉。是違禮義。不由其道。猶雌鳴而求其牡矣。傳云。飛曰雌雄。走曰牝牡。但釋字義耳。非以飛禽而求走獸爲喩也。經云求其牡。可以見已。

三章 言婚姻之禮也。

納采用雁、生執之。故曰鳴雁雝雝。自納采至請期、皆必用昕。親迎、則用昏矣。歸妻、使之來歸於已也。詩多倒句。迨冰未泮、正月以前也。荀子云、霜降逆女、冰泮殺止。言古人於婚姻、其禮如此。陳說古義、未嘗一及今事、譏刺之義、隱然于言外。胡胤嘉云、刺淫之詩、未有若苦葉之辭微矣。曰士如歸妻、自士而上、更不可苟矣。於此見其爲刺宣公詩也。卒章友、謂匹耦也。舟子招人以渡、人皆涉而我不涉。須我友至、以與室家之道、非得所適、貞女不行也。上章刺宣公、此章刺夷姜也。詩牖云、詩中多以水興焉、蓋取淫之義云。

谷風、刺夫婦失道也。衞人化其上、淫於新昏而棄其舊室、夫婦離絶、國俗傷敗焉。

習習谷風、以陰以雨。興也。習習、和舒貌。東風謂之谷風。陰陽和而谷風至、夫婦和則室家成、室家成而繼嗣生。黽勉同心、不宜有怒。言黽勉者、思與君子同心也。采葑采菲、無以下體。葑須也。菲芴也。下體根莖也。德音無違。及爾同死。○行道遲遲。中心有違。遲遲舒行貌。違離也。不遠伊邇。薄送我畿。畿門內也。誰謂荼苦。其甘如薺。荼苦菜也。宴爾新昏。如兄如弟。宴安也。○涇以渭濁。湜湜其沚。涇渭相入而清濁異。宴爾新昏。不我屑以。屑絜也。毋逝我梁。毋發我笱。逝之也。梁魚梁。笱所以捕魚也。我躬不閱。遑恤我後。閱容也。○就其深矣。方之舟之。就其淺矣。泳之游之。舟船也。何有何亡。黽勉求之。有謂富也。亡謂貧也。凡民有喪。匍匐救之。○不我能慉。反以我爲讎。慉養也。既阻我德。賈用不售。阻難也。昔育恐育鞫。及爾顛覆。育長。鞫窮也。既生既育。比予于毒。○我有旨蓄。亦以御冬。旨美。

此禦也。肄勞也。

宴爾新昏。以我御窮。有洸有潰。既詒我肄。洸洸武也。潰潰怒也。

不念昔者。伊余來塈。塈息也。

谷風六章章八句

案此詩婦人爲夫所棄。乃陳其悲怨之情也。葑菲根葉皆可食。而其根則有時而美惡。德音好音也。指其夫言。陰陽和。而谷風至。雨澤降。而百物生焉。以喻夫婦和而家道成。家道成而繼嗣生焉也。故爲夫婦者。當黽勉以同心。不宜至於有怒。采葑菲者。時無用下體矣。而不以下體之惡。并棄其葉。以興不可以其顏色之衰。并棄舊恩也。唯其初時之言無違。則可以與爾同死矣。采葑采菲。獨夫婦之道也歟哉。凡人主之用人。士君子之取益。皆當鑒于此矣。**二章**言其見棄而歸也。薺甘菜也。言我之被棄而歸也。行道遲遲。不前。以中心有乖離之怨。故也。夫之送我。不遠伊邇。裁於門內而已。蓋去者未決。而送者已在旁。去者方出。而送者既入。亦見無恩之甚焉。

白虎通云出婦之義。必送之。接以賓客之禮也。誰謂荼苦。比之夫之遇己。其甘如薺。言其遇之苦其於荼也。惟安其新昏也。如兄如弟。言恩恩甚至也。**三章**涇渭二水名。湜湜清貌。小渚曰沚。以用也。涇濁渭清。然未屬之時。不甚異也。及涇渭相入。而清濁異。以喩以新昏見舊室之衰也。湜湜其沚。未嘗不清。以喩顏色雖衰。其心未嘗有違也。唯是安爾新昏。不我潔用。毋逝我梁。毋發我笱。欲論禁新昏入我之室也。而又自絕思我。躬尚不見容。何暇恤我已去之後哉。蓋戀戀而不能情事。詆徊無限悽愴。**四章**陳前時勤勞之事。以怨今之見棄也。方泭也。潛行爲泳。浮水爲游。匍匐言盡力也。言我在夫家也。深則方舟。淺則泳游。隨事難易。皆盡其力。不問貧與富。黽勉求之。凡民有凶禍。鄰里尚盡力救之。況我於其家事乎。**五章**承上章言。我在夫家也。勤勞如此。然君子不我能養。反以我爲讎。既難卻我德。其不見取。如賈之不售。言惟其有心阻我。雖善不錄也。昔者長於恐懼之中。長於困窮之際。與爾顚覆盡力於衆事。今也生育既遂矣。乃反比我于毒而棄之乎。**卒章**蓄聚也。詒貽通。遺也。

言夫采者以禦冬月之無時至于春夏則不食矣以喩窮苦則相與富貴則棄之也今安爾新昏而棄我是以我禦窮也待我極洸洸之怒貽我以勞苦之事曾不念昔者伊余來欲息于爾也進言初嫁取憐之時終之回頭一顧詞意宛至鄭忠亂云達道有五夫婦居一焉孔子繫易曰夫婦之道不可以不久也故咸而受之以恒戴記有七出之條而又有三不出之例其一謂先貧後富者谷風之良婦未知何以見棄今觀其詩曰何有何亾黽勉求之昔育恐育鞫及爾顛覆則其食貧操作艱阻亦既備嘗矣曰既生既育比予于毒曰宴爾新昬不我屑以曰宴爾新昏如兄如弟曰宴爾新昏以我御窮此所謂富易妻者耶夫貧則使婦拮据謀之富則與新人宴安享之以新閒舊而弃逐其舊苟未免有情亦復誰能堪此此谷風所爲賦也詩非必棄婦自作特詩人摹寫其情形而夫之涼德自見篇中未嘗有一指斥語所謂可以怨者是耶

式微黎侯寓于衛其臣勸以歸也

式微式微胡不歸。式用也。微君之故胡爲乎中露。微無也。中露衞邑也。

○式微式微胡不歸。微君之躬胡爲乎泥中。泥中衞邑也。

式微二章章四句

案。爾雅云。式微式微者。微乎微者也。蓋恥卑賤之辭。故猶事也。黎侯爲狄所逐。棄其國而寄于衞。衞公處之以二邑。黎侯安之。夫衞之與黎地相接。譬之脣齒。脣亡齒寒矣。且古有待寄公之禮。今不救其難。而處之小邑。則廢禮忘好。是又一狄矣。見忘樂禍。是又一黎矣。黎臣知其不足恃。故勸之而曰。式微式微。胡不歸乎。若弟爲君之一事一身。卽苟且安于此可也。奈不宗社生靈之所繫乎。寔無君之故。何於此小邑爲哉。奮然慨復之意。冷然乎言外。鄭玄云。我若無君。何爲處此乎。朱熹仍之而曰。我若非君之故。則亦胡辱于此哉。鄒忠胤云。如朱傳則王憂臣辱。分固宜然。何得爲此怨詞。

旄丘責衛伯也狄人迫逐黎侯黎侯寓于衛衛不能修方伯連率之職黎之臣子以責於衛也

旄丘之葛兮何誕之節兮興也前高後下曰旄丘諸侯以國相連屬憂患相及如葛之蔓延相連及也。誕闊也。叔兮伯兮何多日也日月以逝而不我憂◯何其處也必有與也言與仁義也何其久也必有以也必以有功德◯狐裘蒙戎匪車不東大夫狐蒼裘。蒙戎以言亂也。不東言不來東也。叔兮伯兮靡所與同無救患恤同也◯瑣兮尾兮流離之子瑣尾少好之貌流離鳥也少好長醜始而愉樂終以微弱叔兮伯兮褎如充耳褎盛服也充耳盛飾也大夫褎然有尊盛之服而不能稱也

旄丘四章章四句

案叔伯稱衛諸臣也旄丘之葛何其節之闊也以興諸侯以國相連屬憂患相及亦如葛之闊節蔓延相連及也叔兮伯兮何不我救之多日也蓋衛黎壤接黎人則衛及矣何多日也言雖緩乎意實切矣 二章 必者懸斷之辭言我君何其處於此乎必以有義與我故也何其久於此乎必以有以功德救我故也蓋猶望焉之辭也 三章 蒙戎言弊而亂也衛在黎東故謂衛爲東言客居久而裘已弊矣豈戎之車不東告於女乎叔兮伯兮惟是無救患恤同耳 卒章 孔穎達云瑣少貌尾好貌或傳幷言少好之貌流離之子少而好長而醜以喻衛之諸臣始而可苟樂圖事而終以微弱不能成功也吁叔兮伯兮如不嘗聞徒有褎然盛服而已不能稱也此詩一章切於一章始而如怪如疑既而諷切然衛諸臣漠不關念後衛果有狄難陳際泰云戎伐凡伯于楚丘以歸責衛不救王臣也式微旄丘責衛不救寄公也衛爲狄所滅而遷于帝丘嗟乎帝丘也旄丘哉楚丘哉

簡兮刺不用賢也衛之賢者仕於伶官皆可以承事

王者也

簡兮簡兮方將萬舞簡大也方西方也將行也以干羽爲萬舞用之宗廟山川故言於四方

日之方中在前上處教國子弟以日中爲期碩人俁俁公庭萬舞碩人大德也俁俁容貌大也萬舞非但在四方親在宗廟公庭◯有力如虎執轡如組組織組也武力比於虎可以御亂御衆有文章言能治衆動於近成於遠也

左手執籥右手秉翟◯籥[illegible]孔翟翟羽也

赫如渥赭公言錫爵赫赤貌渥厚漬也祭有畀煇胞翟閽寺者惠下之道見惠不過一散◯山有榛隰有苓榛木名下濕曰隰苓大苦云誰之思西方美人

彼美人兮西方之人兮乃宜在王室

簡兮三章章六句

案簡兮簡兮稱大德之人也萬者舞之大名也衞不用賢使此大德之人在四方山川萬舞之列或又教國子弟在前列上頭俁俁碩人非齒於此又親在宗廟公庭其才如是其藝如是大日之方中豈晦冥而不易見乎在前上處豈疏遠而不可知乎况親在宗廟公庭然此人仕於伶官豈論其他哉衞之不用賢於是可知矣朱熹訓簡爲簡易不恭而謂賢者不得志而仕於伶官案周禮小胥巡舞列而撻其怠慢者若使當舞之時簡易不恭豈得爲賢者乎

二章言碩人之材德也有力如虎言其武力比于虎也執轡如組執轡於此騁馬於彼如織組者之總紕於此成文於彼也以喻御衆動於近行於遠也赫如渥赭言容色充盛也蓋德充之符睟然見于面也言武力可以御亂材知可以治衆執籥秉翟多藝如是赫然顏色實君子之容貌矣然以伶工視之惟於祭末賜一爵而已蓋舞是今日本職此是其餘才也隱然自表其非伶人耳

卒章西方謂周室也鎬京西而邶在東故曰西方言榛宜在山苓宜在隰今碩人而在於伶官處非其所矣云誰之思西方美人思彼周室盛

王也朱熹云又曰西方之人者歎其遠而不得見之辭也此言碩人之才之德宜在王室也

泉水衞女思歸也嫁於諸侯父母終思歸寧而不得故作是詩以自見也

毖彼泉水亦流于淇興也泉水始出毖然流也淇水名也有懷于衞靡日不思變彼諸姬聊與之謀變好貌諸姬同姓之女聊願也○出宿于泲飲餞于禰泲地名祖而舍軷飲酒於其側曰餞重始有事於道也禰地名女子有行遠父母兄弟問我諸姑遂及伯姊父之姊妹稱姑先生曰姊○出宿于干飲餞于言干言所適國郊也載脂載舝還車言邁脂舝其車以還我行也遄臻于衞不瑕有害遄疾臻至瑕遠也○我思肥泉茲之永歎所出同所歸異爲肥泉

思須與漕我心悠悠須漕衞邑也駕言出遊以寫我憂寫除也

泉水四章章六句

案諸姬媵也謂姪娣從嫁者也毖然彼泉水亦流于淇無時而不流以興有懷于衞靡日而不思也蓋見水之入淇以怨己獨不能歸寧也悵之不已乃欲即諸姬而謀焉 二章 泲禰蓋衞國郊地也此承上章而言遂與諸姬謀之曰昔我來嫁也出宿于泲飲餞于禰道亦遠矣女子出嫁遠父母兄弟矣是以禮緣人情使得歸寧今父母已沒而可復得歸乎否問諸我諸姑伯姊焉禮國君夫人父母在則歸寧沒則使大夫寧於兄弟豈其不知之乎而知其不可歸而輒已焉無情之甚者也知其不可歸而委曲討議厚之至也 三章 干言昔歸寧時所經蓋其地所嫁國郊地也言昔我歸寧也出宿于干飲餞于言今父母雖沒脂舝其車以還我行也願疾至于衞矣然不知不遠于害義乎否亦謀問之辭也 四章 思彼肥泉而永歎息怨出同而歸異也蓋水出朝歌城北

東流與美溝合又東南注淇水爲肥泉是同出於衛而其歸惟流衛女衛之自出而謂不得歸故取興焉又叓思須與漕我心悠悠安得出遊于彼以除我憂哉心想探風景但暢言得歸之樂而不得歸之苦隱隱自見言外。

北門刺仕不得志也言衛之忠臣不得其志爾

出自北門憂心殷殷。興也北門背明鄉陰 終窶且貧莫知我艱 窶者無禮也貧者困於財 已焉哉天實爲之謂之何哉。王事適我政事一埤益我 適之埤厚也 我入自外室人交偏讁我 讁責也 已焉哉天實爲之謂之何哉。王事敦我政事一埤遺我 敦厚遺加也 我入自外室人交偏摧我 摧沮也 已焉哉天實爲之謂之何哉北門三章章七句。

案。殷殷憂也。已焉哉。不復它求之辭。出自北門者。背明嚮陰。喩己仕于闇君也。仕不得志。憂心殷殷。終窶且貧。無以爲禮。然人莫知我艱者。亦已焉哉。命各有數。天實爲之。謂之何哉。不尤人。而歸之于天。可謂知命者矣。孔子曰。人不知而不慍。不亦君子乎。此之謂也。二章。蓋以事往來于閒。故以王事稱耳。政事。謂本國之政事也。言有役使之事。則必來之我。凡政事一以埤益于我。觀下篇北風之去國。國去者多。則當事者益艱。役使政事。畢萃于我。我歸自外也。家人交徧責我。欲使去也。臣事君無二志。亦有命焉。家人亦不知己志。則其困於內外極矣。卒章。摧。沮也。謂沮隔之也。夫出北門憂。則憂非爲貧窶矣。家人亦莫知。則其所憂蓋憂衛之將亂耳。

北風刺虐也。衛國並爲威虐。百姓不親。莫不相攜持而去焉。

北風其涼。雨雪其雱。興也。北風寒涼之風。雱盛貌。惠而好我。攜手同行。惠愛。行道也。其虛其邪。既亟只且。虛虛也。亟急也。

○北風其喈。雨雪其霏。喈疾貌。霏甚貌。惠而好我。攜手同歸。歸有德也。其虛其邪。既亟只且。

○莫赤匪狐。莫黑匪烏。狐赤烏黑。莫能別也。惠而好我。攜手同車。攜手就車。其虛其邪。既亟只且。

北風三章章六句。

案。雨去聲。自上而下曰雨。好亦愛也。虛虛寬貌。邪讀爲徐。爾雅作徐。只且語辭。北風雨雪病害萬物。以喩衞政酷暴病害百姓也。於是百姓不親。而相謂云安有愛民好我者邪。與子攜手同道而去。欲以共歸有德也。在位之臣容止雖寬徐乎。威虐既急矣。言君臣並爲威虐也。

卒章 狐之類皆赤。烏之類皆黑。人莫能分別。赤以爲非狐者莫能分別黑以爲非烏者由其類相似也以喻衞之諸臣同惡相濟無有出於其類者也云同車則有道君子亦皆將去矣君子見幾而作亂邦不居此之謂也

靜女刺時也衞君無道夫人無德

靜女其姝俟我於城隅靜貞靜也女德貞靜而有法度乃可說也姝美色也俟待也城隅以言高而不可踰愛而不見搔首踟躕言志往而行正○靜女其孌貽我彤管既有靜德又有美色又能遺我以古人之法可以配人君也古者后夫人必有女史彤管之法史不記過其罪殺之后妃羣妾以禮御於君所女史書其日月授之以環以進退之生子月辰則以金環退之當御者以銀環進之著于左手既御著于右手事無大小記以成法彤管有煒說懌女美煒赤貌彤管以赤心正人也○自牧歸荑洵美且異牧田官也荑茅之始生也本之於荑取其有始有終匪女

之爲美美人之貽非爲其徒説美色而已美其人能遺我法則

靜女三章章四句

案愛掩翳也一作僾又方言註郭璞引此詩作薆云掩翳也靜女其姝女德容色皆備矣俟我於不可踰之地其以禮自防如此翳而不見言高遠而不可至也搔首踟躕言志往而不敢前也傳行正當爲行止蓋字之誤

二章孌美好貌言既有靜德又有美色又能遺我以法則煒然形管誠可嘉孌然美色誠可説此實可以配人君矣陳古靜女所以刺夫人無德也當是之時上烝下淫紛紛失紀夫形管女史之法亦安在哉故特以此刺之耳非靜女實貽形管也謂其有美色又有女德也歐陽氏云形管若是王宮女史之管靜女從何得以貽人使靜女家自有形管用以貽人則因形管自媒何名靜女此蓋泥貽字而不知詩人寓言之道本若是也

卒章洵信也匪女之爲美也猶云匪爲女之美也由官歸荑信美且異供之祭祀匪爲其美且異也取其能潔白也

以興變然靜女。匪爲其徒說美色而已。美其人能遺我法則也。朱熹以爲此淫奔期會之詩。而貽我彤管豈淫奔人語耶。鄒忠胤云。讀此詩亦可見商俗靡靡餘風未殄。故其詩有似男女相贈遺之語。無怪釋者以爲淫奔期會。爾讀其詩而論其世。可謂善讀詩者已。

新臺。刺衛宣公也。納伋之妻。作新臺于河上而要之。國人惡之而作是詩也。

新臺有泚。河水瀰瀰。泚鮮明貌。瀰瀰盛貌。水所以絜汙穢。反于河上而爲淫昬之行。燕婉之求。籧篨不鮮。燕安。婉順也。籧篨不能俯者。◯新臺有洒。河水浼浼。洒高峻也。浼浼平地也。燕婉之求。籧篨不殄。殄絕也。◯魚網之設。鴻則離之。言所得非所求也。燕婉之求。得此戚施。戚施不能仰者。

新臺三章。章四句。

案國人疾宣公而難言之。故但言其臺耳。臺以新名。蓋自國人且之。先是宣公烝於夷姜生伋。伋長為之娶于齊。而美。乃自納之。是見滅禮瀆倫自宣公始焉。籧篨龜胸之疾也。龜交非類。同於納子之妻。戚施駝背之疾也。醜老而無耻之狀。故詩人以況醜詆之極。不得比于人、數也。新臺鮮明。河水瀰瀰。夫水淖弱以清。所以麗汙穢也。公反于河上而淫昏焉。登茲臺而豈不愧乎。齊女之嫁於衛也。本燕婉之人是求。豈意世固不少籧篨者哉。鄒忠胤云。鄭玄箋不鮮為不善。因而改不殄為不腆。皆非也。鮮訓少。與殄之字義昭然矣。嗟乎聖人錄此以垂戒。而後世猶有踵其惡。如楚平唐玄之為者。籧篨戚施。抑何不鮮而不殄耶。**卒章**魚網之設。鴻則離之。興燕婉之求。而反得此戚施也。言所得非所求也。新臺之一舉人道斯焉滅矣。嗟乎可奪其妻。何愛于子。一變而為乘舟。慘不可言也。父既下報子亦上烝。再變而為牆茨。斯不忍言也。衛之風俗。行同夷狄。後至懿公為狄所滅。蓋

非遇然矣

二子乘舟思伋壽也衛宣公之二子爭相爲死國人傷而思之作是詩也

二子乘舟汎汎其景二子伋壽也宣公爲伋取於齊女而美公奪之生壽及朔朔與其母愬伋於公公令伋之齊使賊先待於隘而殺之壽知之以告伋使去之伋曰君命也不可以逃壽竊其節而先往賊殺之伋至曰君命殺我壽有何罪賊又殺之國人傷其涉危遂往如乘舟而無所薄汎汎然迅疾而不礙也願言思子中心養養願每也養養然不知所定○二子乘舟汎汎其逝逝往也願言思子不瑕有害言二子之不遠害

二子乘舟二章章四句

案。養養爾雅作漾漾。義同。言二子之赴死也。如乘舟之汎汎然無所泊也。但見其景耳。爭相爲死。其志何其悲也。我每思二子。中心爲之漾漾。詩説云。宜公欲立少子朔。使伋壽如齊。而沈之于河。其説祖劉向新序。似於此詩較切。然詩之取喩。何必問其有與。以感情而發。因事興焉。宜公之欲害伋。亦必多方。而二子不死於舟。而死於賊手。左氏審矣。則蓋詩人併思嘗使伋乘舟于河中將沈而殺之事。而仍取喩也。且玩下二句。益知毛説之爲確矣。又論者或以壽無救於兄。而重父之過。或以伋當逃避。使父無殺子之名。此論平居之理。而不思進退維谷之勢也。如此論詩。則夫子刪存。不可勝疑矣。殊不知學詩之道。不過達於人情世態。世運事變而已。故曰可以興。可以觀。可以羣。若不達於人情世態世運事變則奚以在朝廷而識民之風俗。在君子而識小人之心。在盛代而識衰世之俗哉。故曰。其猶正牆面而立也與。

邶國十九篇。七十一章。三百六十三句。

鄘柏舟詁訓傳第四

柏舟共姜自誓也衞世子共伯蚤死其妻守義父母欲奪而嫁之誓而弗許故作是詩以絶之

汎彼柏舟在彼中河興也中河河中髧彼兩髦實維我儀髧兩髦之貌髦者髮至眉子事父母之飾儀匹也之死矢靡它矢誓靡無之至也至己之死信無它心母也天只不諒人只諒信也母也天也尚不信我天謂父也

○汎彼柏舟在彼河側髧彼兩髦實維我特特匹也之死矢靡慝慝邪也母也天只不諒人只

柏舟二章章七句

冢兩髦剪髮夾囟子事父母之飾親死然後去之此指共伯也只語助辭言寡婦無夫可依況況然如河中不繫之舟無所倚情也婺居之情實可悲焉可謂善況者也然髧彼兩髦實維我匹耦矣今雖既歿我豈改嫁至死誓無它心母也父也何其不諒我心乎孔子於斯之柏舟曰見匹夫不可奪志也則于此篇亦當曰見匹婦志不可奪也衛國淫風流行之際獨有共姜之節而已矣

牆有茨衛人刺其上也公子頑通乎君母國人疾之而不可道也

牆有茨不可埽也 興也牆所以防非常茨蒺藜也欲埽去之反傷牆也 中冓之言不可道也 中冓內冓也 所可道也言之醜也 於君醜也 ○牆有茨不可襄也 襄除也 中冓之言不可詳也 詳審也 所可詳也言之長也

長惡長也牆有茨不可束也束而去之中冓之言不可讀也讀抽也所可讀也言之辱也辱辱君也

牆有茨三章章六句

案宮中深密處謂之中冓中冓之言閨門之言也道言也牆有茨而不可埽也反傷其牆以興中冓之言不可道也恐醜君也其所可道者於君醜也二章詳審議之也言之長其醜惡之言甚長也卒章讀抽也鄭玄曰抽猶出也謂宣露之外也

君子偕老刺衛夫人也夫人淫亂失事君子之道故陳人君之德服飾之盛宜與君子偕老也

君子偕老副笄六珈能與君子俱老乃宜居尊位服盛服也副者后夫人之首飾編髮爲之笄

衡笄也珈笄飾之最盛者所以別尊卑委委佗佗如山如河委委者行可委曲縱迹也佗佗者德平易也山無不容河無不潤象服是宜象服尊者所以爲飾子之不淑云如之何有子若是何謂不善乎○玼兮玼兮其之翟也玼鮮盛貌褕翟闕翟羽飾衣也鬒髮如雲不屑髢也鬒黑髮也如雲言美長也屑潔也玉之瑱也象之揥也瑱塞耳也揥所以摘髮也揚且之皙也揚眉上廣皙白皙胡然而天也胡然而帝也尊之如天審諦如帝○瑳兮瑳兮其之展也蒙彼縐絺是紲袢也禮有展衣者以丹縠爲衣蒙覆也絺之靡者爲縐是當暑袢延之服也子之清揚揚且之顏也清視清明也揚廣揚而顏角豐滿展如之人兮邦之媛也展誠也美女爲媛

君子偕老三章一章七句一章九句一章八句

案婦人以身事人當與之俱老不當復有它志也故曰君子偕老蓋此宣公未殁時夫人已有淫行故以君子偕老言之象服鄭玄云謂褕翟闕翟也以翟羽飾之即下章翟也孔頴達謂以象骨飾服無所據矣淑善也夫副笄六珈飾之最盛者也能與君子俱老者乃自居尊位服盛服也必有委委佗佗如山無不容如河無不潤之度然後象服於是乎宜矣有子若是何謂不善乎而今子之不淑云如之何哉蓋惜其不稱也**二章**鬒黰也人少髪則以鬒益之象揥以象骨爲之所以摘髪也因以爲飾而如也玼然翟衣服之盛者也義與上章同黑髪美長而不屑用髢容之美者也而其飾玉之瑱也象之揥也眉上揚廣面色白晳也其風流照映與夫委委佗佗如山如河者異矣其安能與翟衣宜乎而尊之如天如帝何哉蓋怪之也**卒章**瑳亦對盛貌展衣六服之一蓋展衣之上加縐絺覆之故曰蒙彼縐絺孔頴達云紲袢去熱之名蓋展衣縐絺是當暑紲袢之服也此謂夏時盛服也清揚且顏亦言容色之美也展如之人一國之美媛也謂其無比也稱之愈甚而惜之愈深惜之

愈淡而其刺之愈切矣詩志云吾讀衛二姜之詩未嘗不廢書而歎也莊姜既棄于夫又乏其嗣宣姜既有賢子又多淑女夫秀美者薄福而德有餘輕盈者薄德而福有餘造物之不均往往如是矣悲夫

桑中刺奔也衛之公室淫亂男女相奔至于世族在位相竊妻妾期於幽遠政散民流而不可止

爰采唐矣沬之鄉矣爰於也唐蒙菜名沬衛邑云誰之思美孟姜矣姜姓也言世族在位有是惡行期我乎桑中要我乎上宮送我乎淇之上矣桑中上宮所期之地淇水名也○爰采麥矣沬之北矣云誰之思美孟弋矣弋姓也期我乎桑中要我乎上宮送我乎淇之上矣○爰采葑矣沬之東矣云誰之思美孟庸矣庸姓也期我乎桑中

要我乎上宮送我乎淇之上矣

桑中三章章七句

案唐卽菟絲也無根而附于物有苟合之象故以采唐興思孟姜也或期于桑中或要于上宮則見相會不一焉送我乎淇上則愛厚亦至矣夫孟姜列國之長女也世族在位而有是惡行則一國之俗可知已序曰相竊寔同相貿居然夷狄矣【二章】郝敬云麥秋不收冬不藏三時在外謂之宿麥有奔之象故取以興焉弋女姓春秋定姒公穀作定弋則弋姒同一姓蓋杞女也【卒章】葑義取下體賤其褻也鄘本庸姓之國爲衞所并蓋其後仕于衞者朱熹謂此篇卽桑間引樂記爲據旣以桑中爲桑間則亦將以淇上爲濮上淇水去濮水其間不但數百十里也地志可徵已考韓非子史記衞靈公之晉舍於濮上夜聞琴聲召師涓聽而寫之至晉爲平公奏之師曠曰此師延爲紂作靡靡之樂是也武王伐紂師延抱樂器投濮水而死故聞此聲者必於濮水之上此

則所謂桑間濮上之音也。然則桑間乃紂樂、非此桑中明甚矣。是蓋因序偶有樂記語、遂謬爲桑間爾。又混詩之與聲爲一。與解論語關雎樂而不淫哀而不傷同一謬妄已

鶉之奔奔、刺衛宣姜也。衛人以爲宣姜鶉鵲之不若也。

鶉之奔奔。鵲之彊彊。鶉則奔奔、鵲則彊彊然。人之無良、我以爲兄。良吾也。兄謂君之兄。○鵲之彊彊。鶉之奔奔。人之無良、我以爲君。君國小君。

鶉之奔奔二章章四句

案奔奔彊彊、其居有常匹、飛則相隨之貌。言鶉則與鶉奔奔、鵲則與鵲彊彊、各有常匹、不亂其類。夫本爲伋也妻者、而乃爲晉也妻。爲晉也妻、則爲頑也母矣。而又爲頑也妻、無良甚矣。失其常匹、曾鶉鵲之不若矣。而我以

爲君之兄何哉蓋如自耻疾之至也崔仲鳧曰鴉奔先定中著其所以匹木瓜爲殿著其所以存

定之方中美衛文公也衛爲狄所滅東徙渡河野處漕邑齊桓公攘戎狄而封之文公徙居楚丘始建城市而營宮室得其時制百姓說之國家殷富焉

定之方中作于楚宮定營室也方中昏正四方楚宮楚丘之宮也仲梁子曰初立楚宮也揆之以日作于楚室揆度也度日出日入以知東西南視定北準極以正南北室猶宮也樹之榛栗椅桐梓漆爰伐琴瑟椅梓屬○升彼虛矣以望楚矣望楚與堂景山與京虛漕虛也楚丘有堂邑者景山大山京高丘也降觀于桑地勢宜蠶可以居民卜云其吉終焉允臧龜曰卜允信臧善也建國必卜之故建邦能命龜田能施命作

器能銘使能造命升高能賦師旅能誓山川能說喪紀能誄祭祀能語君子能此九者可謂有德音可以爲大夫

○靈雨既零命彼倌人星言夙駕說于桑田零落也倌人主駕者匪直也人非徒庸君秉心塞淵秉操也騋牝三千馬七尺以上曰騋騋馬與牝馬也

定之方中三章章七句

家衞懿公九年狄滅衞宋桓公逆其遺民立頑之子申以廬于漕是爲戴公是年戴公卒復立其弟燬是爲文公齊桓公帥諸侯城楚丘而遷衞焉文公大布之衣大帛之冠務財訓農通商惠工敬教勸學授方任能元年革車三十乘季年乃三百乘序曰國家殷富此詩蓋末年所作定星名此星昏中而正四方夏正十月也於是可以營制宮室故謂之營室言定星昏正而作于楚宮土功得其時也揆日影以知東西視定星以正南北營造得其制也樹六木於宮其長大可伐以爲琴瑟材用預備也夫君子之行事也不規近效而規遠圖是故脩

德也。始乎笄丱。終乎鮐背。創乎夷原。成乎喬嶽。小人之行事也。朝爲而莫求其成。半施而立望其報。與種禾而求用於十年之後。不亦遠乎。二章本其始而言文公之將徙也。升彼墟以望楚丘。觀其旁邑與大川與高丘。以審其高下。既而降觀于桑。地勢宜蠶。可以居民。人謀定矣。于是乃命龜卜之。云從其吉。乃建國居之。果終焉信善矣。謂國家殷富也。卒章言政治之美也。靈善也。星見星也。謂早辰。說舍也。塞充實也。淵深也。言方春時靈雨既落之後。農桑之務作。文公於是命彼倌人。早晨爲我夙駕。悵欲往舍於桑田。以勞勸之。是則愛民務農。非徒庸君矣。秉心塞淵也。宜哉致騋牝三千之富也。戴記云。問國君之富。數馬以對。故特舉馬以言耳。夫爲國以安民爲要。安民之本。農桑爲先。是故堯命羲和。首以敬授人時。讓生乎有餘。爭起乎不足。倉廩實則知禮節。衣食足則知榮辱。孔子曰富之。民富乃可教焉。故明君爲國。必先務此。所以成太平之基也。

蝃蝀。止奔也。衞文公能以道化其民。淫奔之恥。國人

不齒也

蝃蝀在東莫之敢指蝃蝀虹也夫婦過禮則虹氣盛君子見戒而懼諱之莫之敢指女子有行遠父母兄弟○朝隮于西崇朝其雨隮升崇終也從旦至食時爲終朝女子有行遠兄弟父母○乃如之人也懷婚姻也乃如是淫奔之人也大無信也不知命也不待命也

蝃蝀三章章四句

案有行謂嫁也言蝃蝀之在東君子見戒莫之敢指夫虹天之淫氣爾尚且諱之如此況與淫奔之人相齒列乎女子已嫁也歲不再寧父母歿後遣人問兄弟故曰遠一氣猶然況其跡乎況淫奔乎**二章**虹朝見于西方朱熹云忽然而見如自下而升也故曰升終朝則雨氣應也**卒章**懷思也朱熹云昏姻謂男女之欲守貞曰信

言乃如是淫奔之人但思男女之欲而已大無信也不待父母之命不復知有禮也蓋言賤之諱之也詩換云衞至宣公宣姜人類化爲禽獸剝極矣文公再造人始知有禮噫復其見天地之心乎

相鼠刺無禮也衞文公能正其羣臣而刺在位承先君之化無禮儀也。

相鼠有皮人而無儀相視也無禮儀者雖居尊位猶爲闇昧之行人而無儀不死何爲○相鼠有齒人而無止止所止息也人而無止不死何俟俟待也○相鼠有體體支體也人而無禮人而無禮胡不遄死遄速也

相鼠三章章四句

箋鼠只有皮人則不可以無禮儀無禮儀者雖居尊位猶爲闇昧之行則何異于鼠不死何爲言生之不如其死也〔二章〕無止言闇昧之行無所止息也戴記云夫禮先王以承天之道以治人之情故失之者死得之者生爲上無禮不免乎亡爲下無禮不免乎刑自古無禮致死亡禍不可勝數不死何俟豈其套話也哉

干旄美好善也衞文公臣子多好善賢者樂告以善道也

孑孑干旄在浚之郊　孑孑干旄之貌注旄於干首大夫之旃也浚衞邑古者臣有大功世其官邑郊外冂野　素絲紕之良馬四之　紕所以織組也總紕於此成文於彼願以素絲紕組之法御四馬也　彼姝者子何以畀之　姝順貌畀予也　○孑孑干旟在浚之都　鳥隼曰旟下邑曰都　素絲組之良馬五之　總以素絲而成組也驂馬五轡　彼姝者子

何以予之。○孑孑干旟，在浚之城。析羽爲旌。城，都城也。素絲祝之，良馬六之。祝，織也。四馬六轡。彼姝者子，何以告之。

干旄三章章六句

案，浚，其食邑也。四之，一車四馬也。故謂之駟。古者一車四馬，上下所同。大明云駟騵彭彭，則武王之戎車亦四馬也。車攻云四牡龐龐，則宣王之出車亦四馬也。四牡云四牡騑騑，則大夫之所乘亦四馬也。夏書云懍乎若朽索之馭六馬，則駕五駕六。古蓋有此制矣。彼姝者子，謂衞大夫也。衞之亂也，賢者或隱乎郊外草莽中。孑孑干旄在浚之郊，大夫出其郊也。有賢者云，願將有所告焉。夫織組者，總紕於此，成文於彼。御四馬亦猶此與執轡於此，騁馬於彼，以喩禮樂之化民也。昔者聖人知言語之不足以喩人，刑政之不足以治民，於是乎作禮樂以化之。禮樂之爲敎，修之此而使民由彼，不知不識就其鑄冶，有似織組與馭，故以況焉。然不直言之，但言織與驅馳之道爲爾之子忠順我復更何以畀之心誠愛之無所恡也孔子曰不可與言而與之言失言是故賢者必好善者而樂告以善道也朱熹云衛大夫乘此車馬建此旌旄以見賢者果其躬造賢者之廬非如魏文擁篲於西河燕昭弭節於黍谷不難貶損以示恭可也乃五之六之自郊而都自都而城愈遠而愈加盛何其與滅騶從者相及耶詩人措詞當不爾素絲良馬必有所喻非無意而言者矣

載馳許穆夫人作也閔其宗國顛覆自傷不能救也衛懿公爲狄人所滅國人分散露於漕邑許穆夫人閔衛之亡傷許之小力不能救思歸唁其兄又義不得故賦是詩也

載馳載驅歸唁衛侯載辭也弔失國曰唁驅馬悠悠言至于漕悠悠遠貌

漕衞東邑大夫跋涉我心則憂草行曰跋水行曰涉○既不我嘉不能旋不能旋反反我思也視爾不臧我思不遠不能遠衞也○既不我嘉不能旋濟濟止也視爾不臧我思不閟閟閉也○陟彼阿丘言采其蝱偏高曰阿丘蝱貝母也升至偏高之丘采其蝱者將以療疾女子善懷亦各有行行道也許人尤之衆稺且狂尤過也是乃衆幼稺且狂進取一槩之義○我行其野芃芃其麥願行衞之野麥芃芃然方盛長控于大邦誰因誰極控引極至也大夫君子無我有尤百爾所思不如我所之不如我所思之篤厚也

載馳五章一章六句二章四句一章六句一章八句

案走馬曰馳策馬曰驅衞侯謂戴公也懿公既爲狄所殺露于漕邑者戴公也言衞爲狄所滅夫人乃欲馳驅

而歸至于漕以唁戴公也。驅馬悠悠思近而道遠心急
而馬遲如夢被物追心走而足不能以見其情切焉然
非眞有此事也。托爲之辭是爲大夫跋涉來告難故我
心則憂矣。二章嘉臧皆善也。言欲歸唁而於義不我善
然我心不能自旋我思雖視爾不我善我思終不能遠
乎衛也。三章思不閟思不止也。四章思之不止乃鬱結
爲疾故陟彼阿丘采其蝱雖女子性善懷亦不必無
道理也。許人尤之進取一槩之義是乃衆幼穉且狂狷
也。卒章所之所思之也。言願我行衛之野。其麥芃芃然
衛之滅也。在去歲之冬。今麥芃芃則已二閱時矣。未聞
隣邦救恤。茲欲求援引于大邦。誰因誰至乎。言己之不
能知之何也。大夫許之小力。夫人所固介也。義不得歸。亦
夫人所固知也。而云不能旋反又以許人尤之爲穉且
狂是蓋以歸唁爲辭而意顧不在乎歸唁矣。許力雖小
乎宜急告大邦以救之。但詞微婉未洩其旨于此纔著
控于大邦之一句。而許人之思弗及乎此。故繼之云大
夫君子無我有尤。百爾君子所思不如我所思之篤厚
也。左傳叔孫豹賦載馳之四章而義取控于大邦控于

大邦乃在卒章故朱儒合一章二章以爲一章然左傳不曰卒章而曰四章則有五審矣豈夫子未删之前卒章或居於四章與

鄘國十篇三十章百七十六句

衞淇奥詁訓傳第五

淇奥美武公之德也有文章又能聽其規諫以禮自防故能入相于周美而作是詩也

瞻彼淇奥綠竹猗猗興也奥隈也綠王芻也竹篇竹也猗猗美盛貌武公質美德盛有康叔之餘烈有匪君子如切如磋如琢如磨匪文章貌治骨曰切象曰磋玉曰琢石曰磨道其學而成也聽其規諫以自修如玉石之見琢磨也瑟兮僩兮赫兮咺兮瑟矜莊貌僩寬大也

赫有明德赫赫然咺威儀容止宣著也有匪君子終不可諼兮。諼忘也〇瞻彼淇奧綠竹青青青青茂盛貌有匪君子充耳琇瑩會弁如星充耳謂之瑱。琇瑩美石也天子玉瑱諸侯以石。弁皮弁所以會髮瑟兮僩兮赫兮咺兮有匪君子終不可諼兮〇瞻彼淇奧綠竹如簀簀積也有匪君子如金如錫如圭如璧。金錫鍊而精圭璧性有質寬兮綽兮猗重較兮寬能容衆綽緩也重較卿士之車善戲謔兮不爲虐兮。寬緩弘大雖則戲謔不爲虐矣

淇奧三章章九句。

案綠竹竝草名。匪君子謂武公也。瞻彼淇水隈綠竹猗猗喻武公之德之美盛也。夫劍雖利乎不厲不斷材雖美乎不學不達雖忠信篤敬不學小鄉人耳是此匪君子能聽其規諫如切如磋以自脩飾如琢如磨於是成

儀恂栗赫赫明德著於容止之間矣其盛德至善民終不能忘也孔子曰于淇奧見學之可以爲君子也世之謂也二章其瑱以琇瑩爲之其弁文駁如星道服之與德稱也卒章重較卿士之車則此言入相于周也如簀謂盛如積也猗猗倚也本或爲倚言武公有斯質而有斯脩猶圭璧之質而金錫之鍊也寬綏弘大實足倚重較矣君子肅肅不廢雍雍雖則戲謔不爲虐矣道卷舒張弛各得其宜也

考槃刺莊公也不能繼先公之業使賢者退而窮處

考槃在澗碩人之寬考成槃樂也山夾水曰澗獨寐寤言永矢弗諼○考槃在阿碩人之薖曲陵曰阿薖寬大貌獨寐寤歌永矢弗過○考槃在陸碩人之軸軸進也獨寐寤宿永矢弗告無所告語也

考槃三章章四句

寀易云樂則行憂則違窮處于山澗而能成其樂是乃寛博大德之人也獨自寐寤言先王之道長自誓弗敢忘也 二章 弗過執道不過差也 卒章 軸進于道也弗告易所謂不成乎名也孔子曰遯世無悶此之謂也

碩人閔莊姜也莊公惑於嬖妾使驕上僭莊姜賢而不荅終以無子國人閔而憂之

碩人其頎衣錦褧衣頎長貌錦文衣也夫人德盛而尊嫁則錦衣加褧襜齊侯之子衞侯之妻東宮之妹邢侯之姨譚公維私東宮齊太子也女子後生曰妹妻之姊妹曰姨姊妹之夫曰私〇手如柔荑如荑之新生膚如凝脂如脂之凝領如蝤蠐領頸也蝤蠐蝎蟲也齒如瓠犀瓠犀瓠瓣螓首蛾眉螓首顙廣而方巧笑倩兮倩好口輔美目盼兮盼白黑分〇碩人敖敖說于農郊敖敖長貌農郊近郊

四牡有驕朱幩鑣鑣翟茀以朝驕壯貌幩飾也人君以朱纏鑣扇汗且以爲飾鑣鑣盛貌翟翟車也夫人以翟羽飾車茀蔽也大夫夙退無使君勞大夫未退君聽朝於露寢夫人聽內事於正寢大夫退然後罷○河水洋洋北流活活施罛濊濊鱣鮪發發葭菼揭揭庶姜孽孽庶士有朅洋洋盛大也活活流也罛魚罟濊濊施之水中鱣鯉也鮪鮥也發發盛貌葭蘆菼薍也揭揭長也孽孽盛飾庶士齊大夫送女者朅武壯貌

碩人四章章七句

案碩人謂莊姜也衣錦而加褧衣爲其文之太著也太子所居曰東宮言莊姜之嫁於衞也衣錦加褧衣其儀表碩頎長麗是乃齊侯之女爲衞侯之妻者太子得臣之妹也其族則爲邢侯之姨而譚公維其私也繫之太子者明嫡夫人所生也及邢譚者稱其族類之貴也鄒忠胤云漢儒謂禮惟嫁長女餘皆爲媵然碩人既爲衞

侯妻而邪譚之夫人又皆其姊妹行也亦足證其誕妄矣。**二章**言莊姜容貌之美也。黃之新生者柔而白。蝤蠐木蟲之白而長者。七辨云蝤蠐之領阿那宜顧是也。瓠犀瓠中之子。方正潔白而比次整齊也。螓之眉勾曲如畫。笑之美在口輔故曰倩。目之美在黑白分故曰盼。皆極言其娟麗也。此通乎上章以言其尊貴美好如此可謂良耦矣。然終不答何耶。史遷有言甚哉妃匹之愛。君不能得之於臣。父不能得之於子。況卑下乎。既驩合矣或不能成子姓。能成子姓矣或不能要其終。豈非命也哉。嗟乎賢如莊姜而不答卒於無子。宜有命焉。是國人不能得之君者所爲閔而賦碩人也。鄒忠胤云此章末句素以爲絢兮。微魯論子夏之問。後世不知有此詩矣。或謂孔子删之非也。夫聖賢方藉此以闡先質後文之義。既存其義於語。又何嫌而删其句於詩。如以每章皆七句嫌此獨多一句。則三百篇章句參差不齊者頗矣。故知孔子未嘗删。特漢初經儒不服證據論語而增入爾。愚按素以爲絢兮在此章言莊姜美質得粉益美也。**三章**顧言莊姜始來時也。說舍也。四牡車之四馬也。婦人乘車前後設障以蔽。謂之茀。言莊姜之初來舍於衛之近郊。乃整車馬。四牡驕驕。鑣飾鑣鑣。翟車以入于朝。當此之時。恐以朝堂之晏罷。妨閨房之燕。故大夫朝者夙退。欲無使君勞于政事。蓋道國人樂得莊姜以爲君配也。卒章以來塗所經以起興焉。濊濊施之水中聲也。庶姜謂姪娣也。河水北流。與齊國廣大。施罛而得鱣鮪。以喻衛求昏于齊。而得貴女也。葭菼揭揭。以喻庶姜庶士之從莊姜而來也。夫莊姜尊貴且美。而齊國資送之盛。又爲衛人所仰望如此。宜以禮相親。然終以不答何耶。

氓刺時也。宣公之時。禮義消亡。淫風大行。男女無別。遂相奔誘。華落色衰。復相棄背。或乃困而自悔喪其妃耦。故序其事以風焉。美反正刺淫泆也。

氓之蚩蚩。抱布貿絲。氓民也。蚩蚩者敦厚之貌。布幣也。匪來貿絲。來即我謀送子涉淇至于頓丘。丘一成爲頓丘。匪我愆期子無良媒也。愆過將子無怒秋以爲期。將願也。乘彼垝垣以望復關。垝毀也。復關君子所近也。不見復關泣涕漣漣。言其有一心乎君子故能自悔。既見復關載笑載言爾卜爾筮體無咎言。龜曰卜蓍曰筮。體兆卦之體。以爾車來以我賄遷。賄財遷徙也。

〇桑之未落其葉沃若。于嗟鳩兮無食桑葚。于嗟女兮無與士耽。桑女功之所起。沃若猶沃沃然。鳩鶻鳩也。食桑甚過則醉而傷其性。耽樂也。女與士耽則傷禮義。士之耽兮猶可說也。女之耽兮不可說也。

〇桑之落矣其黃而隕。隕隋也。自我徂爾三歲食貧。淇水湯湯漸車帷裳。湯湯水盛貌。帷裳婦人之車也。女也不爽士貳其行。爽差也。士也罔極二三其德（極中也）○三歲爲婦靡室勞矣夙興夜寐靡有朝矣言既遂矣至于暴矣兄弟不知咥其笑矣（咥咥然笑）靜言思之躬自悼矣（悼傷也）○及爾偕老老使我怨淇則有岸隰則有泮（泮坡也）總角之宴言笑晏晏信誓旦旦（總角結髮也晏晏和柔也信誓旦旦然）不思其反反是不思亦已焉哉

氓六章章十句

案首章二章敘奔誘之事也楊愼云氓从亡从民此蓋民之離其本土而淫外州者也布幣也周禮所謂里布是也鄭衆云里布者布參印書廣二寸長二尺以爲幣貿易物引此詩證貿貿買也月令季春始蠶孟夏賣絲頓丘蓋在衞之野言有一民其狀蚩蚩以買絲爲辭以來誘我我爲之所誘乃送之至于頓丘與之定室家之謀

男子蓋欲於夏中以爲期。而女意猶未可。乃謂之。匪我以欲過子之期。但子無良媒。先來告我。故我行計未辦。願子無怒。秋以爲期。蓋將爲治裝。如下章所言。以賄遷是也。二章 何楷云。復關當是古關名。垝所居近此關。不敢斥其名。以所居呼之。漣漣涕出貌。賄謂嫁裝也。言期已至。乘彼毀垣。以望復關。夫心專則怨必深矣。故不見復關則泣涕漣漣。及既見之也。載與言笑。於是問其卜筮曰。若犬無凶咎之言乎。則以爾車來迎。當以我賄往遷。不煩再計也。夫蚩蚩抱布之氓。非士著者。固不相識。何遽爾作緣邪。蓋物必先腐也。而後物敗之。此豈特女子。士君子平居厲行。可不愼哉。三章 桑女功之所起。故以興焉。沃若言潤澤也。甚桑實也。說解也。桑之沃若。以喩女子色未衰時也。戒鳩無食桑甚。以興戒女無與士耽也。夫士有百行。可以功過相除。至於婦人無外事。惟以貞信爲節。一失其身。不可復解說也。四章 自悔恨也。三歲但言其久耳。三歲亾幾亦未必容華遽凋謝。漸漬也。帷裳車之飾。惟婦人之車有之。貳二心也。二三其德謂不能定也。左傳引此詩云。七年之中。一與一奪。二三

孰甚焉是已。桑之黃隕。以喻婦之色已衰也。華落色衰
爲夫所棄。因追言自我徂爾之家。久貧於衣食而旣已
與此困苦矣。今乃所棄而獨自歸。至涉淇水湯湯漬車
之帷裳。而今之渡者。視向之送者。景況何如也。悔恨之
情。可以想焉。我非女爽。但以士貳其行。心無中正。二三
其德故也。五章 靡無也。言我久爲女婦。盡心竭力。無以
室家之務爲勞。夙興夜寐。無有一朝之暇。與女始相謀
之言旣遂矣。而終以至見酷暴。兄弟見我之歸。不知其
然。但咥咥然笑。禮昏姻不稱主人。况厥初不謀之父兄。
終至不爲兄弟所恤。靜我思之。獨自悼而已。無復所歸
咎矣。盇愛隆。則膠漆無以逾其耽。歡墜。則風雷不足比
其暴。惟其有是耽也。乃其所以有是暴也。至是而始咎
士之貳行。不亦晚乎。靜思自悼。夫復何益。六章 旦旦明
貌。反謂前言之與今反也。我嫁女也。本期及爾偕老。豈
意老使我怨爾乎。淇則有岸。隰則有泮。以自拱持。君子
何爲其放恣耶。我總角之時。與子宴樂。言笑晏晏。以成
此信誓也。旦旦然明矣。曾不思反之至此也。吁嗟是非
人由。由自之由。末如之何已。亦已焉哉。蓋自決也。鄙忠胤

云婚姻人道之始在易咸稱取女漸稱女歸皆利貞則吉不徒悅徒巽而已歸妹曰征凶无攸利蓋其卦與漸反位不當而柔乘剛士動於欲而失其健女驕於悅而失其順淫昏之感終非嘉偶故象曰君子以永終知敝夫使行必誓其所敝何反之至此

竹竿衞女思歸也適異國而不見荅思而能以禮者也

籊籊竹竿以釣于淇興也籊籊長而殺也釣以得魚如婦人待禮以成爲室家豈不爾思遠莫致之○泉源在左淇水在右泉源小水之源淇水大水也女子有行遠父母兄弟○淇水在右泉源在左巧笑之瑳佩玉之儺瑳巧笑貌儺行有節度○淇水滺滺檜楫松舟滺滺流貌檜栢葉松身楫所以

櫂舟也。舟楫相配。得水而行。男女相配。得禮而備。駕言出遊。以寫我憂。出遊。思鄉衞之道。

竹竿四章章四句。

箋。泉水竹竿皆思歸寧之詩也。然泉水父母沒思而不得。此詩因不見答而思。情思自異。而皆能以禮義止者也。爾指衞國也。致遠也。謂致己身於彼也。籊籊竹竿以釣于淇。興諸侯國以禮娶衞女也。既嫁而不見答。豈不爾思乎。但是道遠不能詣耳。所謂人窮則思父母者也。二章泉源淇水皆在衞地。泉源在左。淇水在右。心想衞也。女子出嫁。遠父母兄弟矣。人情至此。殊覺益疏遠也。三章思而能以禮止。勉強巧笑。不失其儀容也。卒章因心想衞。仍以檜楫松舟。興男女以禮相配。不可以不見答。故歸也。雖然人情所不能已。安得出遊以除我憂哉。

芄蘭刺惠公也。驕而無禮。大夫刺之。

芄蘭之支。興也。芄蘭草也。君子之德當柔潤溫良。童子佩觿。觿所以解結。成人之佩也。人君。

成人之事。雖童子猶佩觿，早成其德。雖則佩觿，能不我知。不自謂無知以驕慢人也。容兮遂兮，垂帶悸兮。容儀可觀，佩玉遂遂然，垂其紳帶悸悸然有節度。○芄蘭之葉，童子佩韘。韘，玦也。能射御則帶韘。雖則佩韘，能不我甲。甲，押也。容兮遂兮，垂帶悸兮。

芄蘭二章，章六句。

案，支不經作枝。容，容儀也。遂，佩玉貌。悸，帶下垂貌。言芄蘭之支柔弱阿儺，以興君子之德當柔潤溫良也。惠公以幼童即位，治成人之事。雖童子猶佩觿，雖則佩觿，能自謂無知乎。自謂有才能而驕慢於大臣，但可觀者佩玉垂帶之威儀而已。夫人晚年志滿，則令德不終；壯年氣蕩，則雅操不固。況童子而肆然自是，不可救藥矣。

河廣，宋襄公母歸于衛，思而不止，故作是詩也。

誰謂河廣。一葦杭之。杭，渡也。誰謂宋遠。跂予望之。○誰謂河廣。曾不容刀。誰謂宋遠。曾不崇朝。

河廣二章章四句

案。宋桓公夫人。衞文公之妹也。生襄公而出。襄公卽位。夫人思宋。而義不可往也。蓋嗣君承父之重。與祖爲一體。母出與父絕。不可以私反。故作是詩以自止。一葦謂一束葦也。可以浮之水上而渡。若桴栰然。言誰謂河廣。一葦加之則可以渡。喻狹也。誰謂宋遠。跂則可以望。喻近也。則非爲河廣道遠而不可至也。義不可往耳。昔者子上之母出。子思曰。爲伋也妻者。是爲白也母。不爲伋也妻者。是不爲白也母。猶是可也。所謂與廟絕之義也。其母死。不使喪之。則大非孔子之道矣。孔子曰。述而不作。孔子既使伯魚喪出母。則蓋先王之禮爲爾。子思之使白也不喪出母。則己之創制耳。夫道禮爲大焉。禮且以其意自恣。況其它乎。其意太已刻薄。孟子學乎子思氏者也其持論過嚴亦足怪已禮待義行者也義雖如是如母子之恩何果使子思之爲是乎則孔子之所爲不是矣孔子使伯魚喪出母不幸處母子之變者可以觀焉卒章小船名刀以其形如刀也不容刀不容舠而至亦喻狹近也

伯兮刺時也言君子行役爲王前驅過時而不反焉

伯兮朅兮邦之桀兮伯州伯也朅武貌桀特立也伯也執殳爲王前驅殳長丈二而無刃○自伯之東首如飛蓬婦人夫不在無容飾豈無膏沐誰適爲容適主也○其雨其雨杲杲出日杲杲然日復出矣願言思伯甘心首疾甘厭也○焉得諼草言樹之背諼草令人忘憂背北堂也願言思伯使我心痗痗病也

伯兮四章章四句。

箋鄭玄云衛宣公之時蔡人衛人陳人從王伐鄭。伯也爲王前驅久。故家人思之是詩所以作也伯州伯也非實州伯也蓋婦人目其夫以美稱亦以誇其才也周禮選國之能用五兵者以衛王宮出則夾王車衛士千人旅賁十六人。是前驅者賤士耳言我之君子勇武桀於邦矣今乃執殳。而爲王前驅也既稱伯而日爲王前驅蓋惜負才役賤職也 二章 鄭不在衛之東將三國之兵先至京師乃東伐鄭故曰之東蓬草名其華如柳絮聚而飛如亂髮也膏所以澤髮者沐滌首去垢也言自伯之東旅闊濩閉。首如飛蓬豈爲無膏沐哉將誰主爲容傳云女爲悅己者容 三章 願每也彼冀雨者以爲其雨其雨。而値杲杲然日復出矣以喩待君子而今日亦不來也每我思伯厭足於心。而生首疾其雨其雨意中人近也杲杲出日望中人遠也詩之曲盡人情如此 卒章 思而不已欲暫忘而不可得焉得忘憂之草樹之北堂以忘我憂乎。遂至使我心病也

有狐刺時也衛之男女失時喪其妃耦焉古者國有凶荒則殺禮而多昏會男女之無夫家者所以育人民也

有狐綏綏在彼淇梁○興也綏綏匹行貌石絕水曰梁心之憂矣之子無裳○之子無室家者在下曰裳所以配衣也○有狐綏綏在彼淇厲厲深可厲之旁心之憂矣之子無帶帶所以申束衣○有狐綏綏在彼淇側心之憂矣之子無服言無室家若人無衣服

有狐三章章四句

象狐之為物在山野今在淇梁失其常居矣然猶不失其常匹衛之男女失時喪其配耦曾狐之不若也之子

無裳喩無室家也鄒忠胤云朱熹以爲寡婦見鰥夫而欲嫁之是本鄭箋之意夫世豈有心欲嫁其人又肯爲孤者不知其發自作乎抑它人代述其意乎竟未可據

木瓜美齊桓公也衞國有狄人之敗出處于漕齊桓公救而封之遺之車馬器服焉衞人思之欲厚報之而作是詩也

投我以木瓜報之以瓊琚木瓜楙木也可食之木瓊玉之美者琚佩玉名匪報也永以爲好也○投我以木桃報之以瓊瑤瓊瑤美玉匪報也永以爲好也○投我以木李報之以瓊玖瓊玖玉名匪報也永以爲好也孔子曰吾於木瓜見苞苴之禮行

木瓜三章章四句

案報木瓜以瓊琚可謂厚矣然猶不敢以爲報也欲永以爲歡好也蘇轍云此衛人感齊桓救患之恩故設爲瓜瓊不等之喻言人遺我以微物猶必有以厚報之況齊桓之贈遺如此其厚則報之當何如乎亦以爲好亦是欲其君依附大國時常聘問之意後至衛文公忘齊桓再造之恩乘五子之亂而伐其喪不仁甚矣此亦可以觀人情焉朱熹改舊說以爲男女相贈答之辭孔子曰于木瓜見苞苴之禮行焉孔叢子可證奈何概可以淫詞目乎又左傳昭二年晉韓宣子聘于衛衛侯享之北宮文子賦淇澳宣子賦木瓜思報德也如其男女贈答之辭宣子必不誦于饗矣

毛詩補義卷二終

毛詩補義卷三

漢　趙人　毛公　傳
日本　西播　岡白駒補義

王黍離詁訓傳第六

黍離閔宗周也周大夫行役至于宗周過故宗廟宮室盡爲禾黍閔周室之顛覆彷徨不忍去而作是詩也

彼黍離離彼稷之苗彼彼宗廟宮室行邁靡靡中心搖搖邁行也靡靡猶遲遲也搖搖憂無所愬知我者謂我心憂不知我者謂我何求悠悠蒼天此何人哉悠悠遠意蒼天以體言之尊而君之則稱皇天元氣廣大則稱昊天仁覆閔下則稱

旻天。自上降鑒。則稱上天。據遠視之。蒼蒼然。則稱蒼天。○彼黍離離。彼稷之穗。穗秀也。詩人自黍離離。見稷之穗。故歷道其所更見。行邁靡靡。中心如醉。醉於憂也。知我者謂我心憂。不知我者謂我何求。悠悠蒼天。此何人哉。○彼黍離離。彼稷之實。自黍離離。見稷之實。行邁靡靡。中心如噎。噎憂不能息也。知我者謂我心憂。不知我者謂我何求。悠悠蒼天。此何人哉。

黍離三章章十句。

案。離離。垂貌。搖搖。心無所附著。如無所愬也。言彼宗周之宮廟。墾為田矣。禾黍離離。稷之苗。悲乎我獨何心。過此能不閔哉。行邁遲遲。不忍去。中心為之搖搖。知我者。則謂我為心憂彷徨也。不知我者。乃謂我靡靡其何求也。一腔隱痛。向伊誰訴。仰天嘆曰。赫赫宗周。使至此者果何人哉。不斥幽王。第曰何人哉。蓋禍起君父。臣子難言愈傷愈含。愈刺愈隱。二章卒章行役往來。固非一見也。初見稷之苗矣。又見稷之穗矣。又見稷之實矣。其所更見未嘗不閔傷也。范甯序穀梁云、孔子就太師正雅頌。因魯史脩春秋、列黍離於國風、齊王德於邦君。明其不能復雅。政化不足以被群后也。由此後儒乃謂降王於國風、則刪定於孔子。妄哉。左傳襄二十九年、季札適魯。請觀周樂。工已為之歌王矣。孔子之自衛反魯。樂正雅頌得所。則在哀十一年。王列于國風。非孔子所定審矣。且夫王之不德。輒可降為君。則君之不德。將降為何等。春秋繫王于天。以尊周室。何於詩而降之耶。蓋自周太師采詩之日。命名已如此。朱熹云、王室遂卑。與諸侯無異。故其詩不為雅而為風。是亦本於范甯者也。焦竑云、風之與雅。體製不同。若今詩所謂選也律也。詞與曲也。故其聲風。即二南亦繫之風。其聲雅。即正月亦繫之雅。政不以此為升降。知言哉。

君子于役、刺平王也。君子行役無期度、大夫思其危

難以風焉

君子于役不知其期曷至哉雞棲于塒日之夕矣羊牛下來○鑿牆而棲曰塒 君子于役如之何勿思○君子于役不日不月曷其有佸○佸會也 雞棲于桀日之夕矣羊牛下括○雞棲于杙為桀括至也 君子于役苟無飢渴

君子于役二章章八句

案婦稱夫曰君子此詩託室家以寓諷故序以為風焉言君子行役不知其歸期何時而歸至哉雞之將棲羊牛之將歸來日則之夕矣是則畜產出入猶有期節我君子行役無期度如之何可不思也哉卒章不日不月其久不可計日月也何時而其有會哉苟幸免於飢渴而已苟字尤悽惋有無可奈何之意焉西周之世大夫

非無行役也。然出有皇華四牡之勞。入有出車杕杜之勤。曉乎。先王以人道使人。後世以牛羊使人。而不如牛羊之歸。猶有期也。齊襄葵丘之戍。瓜時而遣。及瓜弗代。而無知之禍因之。大夫思其危難。良有以哉

君子陽陽閔周也。君子遭亂。相招爲祿仕。全身遠害而已。

君子陽陽。左執簧。右招我由房。陽陽無所用其心也。簧笙也。由用也。國君有房中之樂。其樂只且。○君子陶陶。左執翿。右招我由敖。陶陶和樂貌。翿纛也。翳也。其樂只且。

君子陽陽二章章四句

箋君子者。本在上之稱也。士大夫皆以治民爲職。夫君者。治下者也。子。男子之美稱。故稱君子。是以位言之者也。

又雖在下位其德足以爲人上。亦謂之君子。是以德言之者也。此詩君子是也。我我其友。只且語辭。君子遭亂世。安於賤職。意氣陽陽。無所用其心。左手執簧右手招我以房中樂官。曰其且相與樂而已。蓋欲與居于此職也。**卒章**陶陶。謂樂於此職也。鄭玄云敖燕舞之位也。蘓軾云。人君有房中之樂。此賤事耳。然君子居之。又且相招而樂之。則以賤爲樂矣。君子以賤爲樂。則貴者不可居也。雖有貴位而君子不居。則周不復競矣。此所以閔周也。朱熹從由房生解。謂卽前篇婦人所作。其夫旣歸不以行役爲勞。而安於貧賤以自樂。匪直淺陋。抑鑿空甚矣。

揚之水。刺平王也。不撫其民。而遠屯戍于母家。周人怨思焉。

揚之水。不流束薪。興也。揚激揚也。彼其之子。不與我戍申。戍守也。申姜姓之國。平王之舅也。懷哉懷哉曷月予還歸哉。○揚之水不流束楚。楚木也。彼其之子不與我戍甫。甫諸姜也。懷哉懷哉曷月予還歸哉。○揚之水不流束蒲。蒲草也。彼其之子不與我戍許。許諸姜也。懷哉懷哉曷月予還歸哉

揚之水三章章六句

案。鄭玄云。平王母家申國在陳鄭之南。迫近彊楚。數見侵伐。王是以戍之。彼其之子。謂諸侯國人之當戍者也。先王之制。王室有故。則方伯連師。以諸侯之師救之。畿內之民。供貢賦衛王室而巳。戍屯兵以守也。懷思也言。薪本浮物也。激揚之水。可謂不能流漂一束之薪乎。以喩王者之尊其勢非難令諸侯也。而東周衰弱。不能號令之故。彼諸侯之人。不與我戍申。獨使我周人遠戍。久而不得歸。鄉關一去。音信邈絕。思哉思哉。不知何月而

得旋歸哉。初驪山之禍也。申侯實啓犬戎。則平王之於申。不共戴天之讐也。今不能令諸侯。而遣畿內之民爲讐人役。不但非其分也。周人固已不甘矣。此其所以怨思焉也。二章 甫舊名呂。宣王世改呂爲甫。按國語史伯云。王欲殺太子以成伯服。必求之申。申呂方強。其隩愛太子亦必可知也。幽王既弑。立宜臼于申者。許男與焉。則平王之德甫許。當亞於申。故并戍甫許。朱熹謂以申故并戍之。亦太疎矣。鄭忠胤云。揚之水凡三見。而不流束薪束楚。徑與鄭風相襲。想古有是成語云。

中谷有蓷閔周也。夫婦日以衰薄。凶年饑饉。室家相棄爾。

中谷有蓷。暵其乾矣。興也。蓷。鵻也。暵。菸貌。陸草生於谷中。傷於水。有女仳離。嘅其嘆矣。仳。別也。嘅其嘆矣。遇人之艱難矣。艱亦難也。○中谷有蓷暵其脩矣。脩，且乾也。有女仳離，條其歗矣。條條然，歗也。條其歗矣，遇人之不淑矣。○中谷有蓷，暵其濕矣。鵻遇水則濕。有女仳離，啜其泣矣。啜，泣貌。啜其泣矣，何嗟及矣。

中谷有蓷三章，章六句。

案：中谷，谷中也。蓷，陸草也。暵，訓焚，謂萎死也。嘅，嘆聲也。人，謂其夫也。鄭玄云：人居平安之世，猶鵻之生於陸，自然也。遇衰亂凶年，猶鵻之生谷中也。暵其乾矣，蓋謂由萎死而至於乾也。凶年饑饉，室家相棄，有女仳離，嘅然其歎矣，以遇人之艱難，故爾。夫世治則人事備乎下，天道應乎上，陰陽和合，風雨有節。世亂則政教苛於上，風俗敗於下。其使之也勤，其取之也厚，則凶年饑饉不免於離散矣。故仳離之女，不怨其夫，止怨遇夫之艱難爾。

一章 脩，長也。凡陸草生谷中，則莖細而長。條，嘯貌。歗，嘯。

同朱熹云：古者謂死喪饑饉皆曰不淑。

卒章 既焚死矣

雖遇水而濕無復生意也何嗟及矣事已至此末如之何也凡事已至此啜其泣矣固末如之何已人君居是邦也不崇仁撫民以理政令未必亡也一旦遇非常之變諸侯交爭人趨事馳迫然禍至乃始愁憂乾暵焦巳仰天而嘆庶幾乎望其安也不亦晚乎蓋詩人託於棄婦以閔周室也後世註家皆訓暵爲燥於首章二章猶可也至於卒章則窮矣於是仍爲燥之又於首章不穩矣其說云既先燥其乾者及其甚也則雖其生于濕者亦不免夫雖陸草也性傷于濕何得云雖生于濕者亦不免也

兔爰閔周也桓王失信諸侯背叛構怨連禍王師傷敗君子不樂其生焉

有兔爰爰雉離于羅 興也爰爰緩意鳥網爲羅言爲政有緩有急用心之不均 我生之初尚無爲 尚無成人爲 我生之後逢此百罹尚寐無吪 罹憂吪動也

○有兔爰爰，雉離于罦。（罦，覆車也。）我生之初，尚無造。（造，僞也。）我生之後，逢此百憂，尚寐無覺。○有兔爰爰，雉離于罿。（罿，罬也。）我生之初，尚無庸。（庸，用也。）我生之後，逢此百凶，尚寐無聰。（聰，聞也。）

兔爰三章，章七句。

案：尚無之尚，猶也；尚寐之尚，庶幾也。言緩于兔，急于雉，喻爲政有緩有急，用心之不均也。夫狡兔得脫，介雉離羅，亦以見小人以巧計倖免，君子無辜而受禍焉。我生之初也，猶無成人爲，我長大之後，乃逢此軍役之多憂，既不能殺身，庶幾寐而無動耳，言不樂其生也。一章傳云：造，僞也。愚謂僞恐爲字誤。卒章無庸，無用軍役也。鄭玄云：百凶者，王構怨連禍之凶也。衰亂之世，舉動則離羅，無覺無聰，付天下事于不知不聞，雖不樂生，非必欲死，言心如此始免耳。

葛藟王族刺桓王也周室道衰棄其九族焉

緜緜葛藟在河之滸興也緜緜長不絶之貌水厓曰滸終遠兄弟謂他人父兄弟之道已相遠矣謂他人父亦莫我顧○緜緜葛藟在河之涘涘厓也終遠兄弟謂他人母王又無母恩謂他人母亦莫我有○緜緜葛藟在河之漘漘水隒也終遠兄弟謂他人昆昆兄也謂他人昆亦莫我聞

葛藟三章章六句

案今本序作刺平王陸德明云刺桓王本亦作刺平王皇甫士安以爲桓王之詩崔集注本亦作桓王二章傳云王又無母恩夫平王之於母家德其立己而勤爲之戍則不可謂無母恩矣今據傳當從刺桓王葛藟支蔓

聯屬有宗族之義故詩人取以興焉兄弟兼於族昆弟言之言葛藟之緜緜以得河之潤澤故也以興王族之昌盛由得王之恩施也周室道衰棄其九族終遠兄弟則雖其父母亦然視諸父謂之他人之父則亦莫我眷顧矣 二章 言無恩于母家也兄弟謂從母昆弟也莫我有言視之若無也 卒章 聞相聞也鄒忠胤云周之盛也華鄂輝於常棣苞體茂於行葦逮葛藟之刺興而維翰之勢日衰矣周所以卒于不競與

采葛懼讒也。

彼采葛兮一日不見如三月兮 興也葛所以爲絺綌也事雖小一日不見於君憂懼於讒矣 ○彼采蕭兮一日不見如三秋兮 蕭所以共祭祀 ○彼采艾兮一日不見如三歲兮 艾所以療疾

采葛三章章三句

案鄭玄云桓王之時政事不明臣無大小使出者則爲讒人所毀采葛喩臣以小事使出也事雖小一日不見於君憂懼於讒矣如三月蓋心有所危懼雖暫如久也自古小人排君子權奸欺庸君未有不始于離間而終于陷害者詩人憂一日不見其慮深矣采蕭喩以大事使出采艾喩以急事使出也徐微弦云葛以三月而伐故采葛曰如三月蕭以秋而成故采蕭曰如三秋艾以三年爲良故采艾曰如三歲蓋風人之巧喩也

大車刺周大夫也禮義陵遲男女淫奔故陳古以刺今大夫不能聽男女之訟焉

大車檻檻毳衣如菼 大車大夫之車檻檻車行聲也毳衣大夫之服菼鵻也蘆之初生者也天子大夫四命其出封五命如子男之服乘其大車檻檻然服毳冕以決訟 豈不爾思畏子不敢 畏子大夫之政終不敢 ○大車啍啍毳衣如璊 啍啍重遲之貌璊赬也 豈不爾

思。畏子不奔。○穀則異室。死則同穴。謂予不信。有如皦日。

穀生。皦白也。生在於室則外內異。死則神合。同爲一也。

大車三章。章四句。

案。如菼。謂服色青者。如菼草也。子謂大夫也。古者大夫乘大車。巡行邦國。服毳冕以決訟。於是欲淫奔者。謂云豈不爾思。畏子大夫之政。終不敢淫奔。此雖非盛周風化之時。大夫猶能以刑政治民。使民畏不敢也。夫周之盛也。禮樂治民。民由其教。習以爲俗。男女之際。莫不由禮。爲二南之化。可以見已。詩人不陳風化之時。而陳刑政之世。以見刑政之時之不若焉。其刺益深矣。二章璊。玉赤色也。卒章謂禮之維持堅固也。穀則異室。夫婦之禮有別也。檀弓曰。合葬非古也。自周公以來未之有改。則周禮如合葬也。有如皦日。誓辭也。以日誓。以河誓皆曰有如。言夫婦之道。惟生死以禮義而已。若謂予不信。有如白日矣。誓弗犯禮也。蓋禮行。則其維持人心如

此禮義陵遲則男女淫奔莫不至也

丘中有麻思賢也莊王不明賢人放逐國人思之而作是詩也

丘中有麻彼留子嗟留大夫氏子嗟字也丘中墝埆之處盡有麻麥草木乃彼子嗟之所治彼留子嗟將其來施施施施難進之意○丘中有麥彼留子國子國子嗟父彼留子國將其來食子國復來我乃得食○丘中有李彼留之子彼留之子貽我佩玖玖石次玉者言能貽我美寶

丘中有麻三章章四句

案子嗟之在職也丘中墝埆之處盡有麻麥草木乃彼留氏子嗟敎民農業所治也而今放逐在外國人觀其

業而思之嗚乎彼留子嗟安得復來哉將其來施施難進益恐其不復更來也二章于時年歉乏於食故思之曰子國將其來我乃得有食耳卒章既稱其父又及其子以見世賢焉佩玖美寶也以喩美道言彼留氏之子嘗遺我以美道也亦思昔日之功以志慕也詩序曰大車禮義陵遲而人思政丘中有麻賢人放逐而人思賢猶有先王之遺風焉故叙詩以此終王風朱熹易幽人之貞爲姦私之事吁子嗟子國之子何其一婦人而夫之多也

王國十篇二十八章百六十二句

鄭緇衣詁訓傳第七

緇衣美武公也父子竝爲周司徒善於其職國人宜之故美其德以明有國善善之功焉

緇衣之宜兮。敝予又改爲兮。緇黑色。卿士聽朝之正服也。改更也。有德君子宜世居卿士之位焉。適子之館兮。還予授子之粲兮。適之館舍。粲餐也。諸侯入爲天子卿士受采祿。○緇衣之好兮。敝予又改造兮。好猶宜也。適子之館兮。還予授子之粲兮。○緇衣之蓆兮。敝予又改作兮。蓆大也。適子之館兮。還予授子之粲兮。

緇衣三章。章四句。

案館卿士治事之舍。在天子之宮內。還還于采地也。諸侯入爲卿士。於畿內受采祿。言予之服緇衣也。其宜美服稱其德也。敝予又改爲之。道有德君子宜世居卿士之位也。之予之館。還於朝予授予之粲。愛之之至也。孔子曰。吾於緇衣見好賢之至也。夫桓公死難之節。武公定策之功。緇衣之詠。周人愛之無已。居此何周鄭交惡衣未敝而其人改彼子之館號實宅之至取温之參成周之衣而粲亦絕矣緇衣而猶若是悲夫卒章席大也言服稱其德則寛大安舒也後儒謂改衣授粲豈民之得施于上者乎殊不知在心爲志發言爲詩詩者言志者也敝予又改爲還予授子之粲皆國人之志也何問當施與不如是說詩則風人之旨索然

將仲子刺莊公也不勝其母以害其弟弟叔失道而公弗制祭仲諫而公弗聽小不忍以致大亂焉

將仲子兮無踰我里無折我樹杞將請也仲子祭仲也踰越里居也二十五家爲里杞木名也折言傷害也豈敢愛之畏我父母仲可懷也父母之言亦可畏也

將仲子兮無踰我牆無折我樹桑牆垣也桑木之衆也豈敢愛之畏我諸兄仲可懷也諸兄之言亦可畏也諸兄公族

將仲子兮無踰我園無折我樹檀園所以種木也檀彊韌之木豈敢愛之畏人之多言仲可懷也人之多言亦可畏也

將仲子三章章八句

案里者人之所聚居以喩親戚聚居也樹杞以喩兄弟也莊公之母爲叔段請京使居之祭仲諫云都城過百雉國之害也公弗聽曰請仲子無干我親戚無傷害我兄弟段亶將爲害我豈敢愛之而不誅哉姜氏欲之焉辟害故仲之言非不懷也父母之言亦可畏也將武公旣亡言父母者帶說耳蓋內束於母命外難於國論所謂小不忍也遂有鄢之伐戕賊天倫致大亂也向使莊公從祭仲言早爲之所不授以大邑則其勢猶未足以逞而其狠心猶或可少戢乃誘于姜氏欲之而秖幸其自斃孔子曰不戒責成害也慢令致期暴也不教而誅賊也莊公有焉故謂之鄭志莆田鄭樵曰此詩爲淫奔之詞朱熹仍之按左傳襄二十六年子展相鄭伯如晉

賦將仲子叔向稱其儉而壹如其淫詩也子展何故以鄭人揚鄭醜叔向亦何取而卜其後亾其不然明矣

叔于田刺莊公也叔處于京繕甲治兵以出于田國人說而歸之

叔于田。巷無居人。叔大叔段也。田取禽也。巷里塗也。豈無居人。不如叔也。洵美且仁。○叔于狩。巷無飲酒。冬獵曰狩。豈無飲酒。不如叔也。洵美且好。○叔適野。巷無服馬。豈無服馬。不如叔也。洵美且武。

叔于田三章章五句

案于往也。言叔之往田獵也。里巷若無復居人矣。豈實無居人乎。雖有而不如叔之洵美且仁也。爾蓋叔豈眞美且仁哉但其黨說從之如是其能使西鄙北鄙貳于己又能收貳以爲己邑豈非此輩爲之羽翼乎其勢將滋蔓難圖故詩人陳其黨美愛叔段之言而見叔之比呢羣小如是羣小之注心翼戴如是以刺莊公之不早爲之所也 **二章** 飲酒謂燕飲也好者獻酬款洽情意交通之謂 **卒章** 服猶乘也易稱服牛乘馬偶駕用之義

大叔于田刺莊公也叔多才而好勇不義而得衆也

大叔于田乘乘馬 叔之從公田也 執轡如組兩驂如舞 驂之與服和諧中節 叔在藪火烈具舉 藪澤禽之府也烈列具俱也 襢裼暴虎獻于公所 襢裼肉袒也暴虎空手以搏之 將叔無狃戒其傷女 狃習也

叔于田乘乘黃 四馬皆黃 兩服上襄兩驂鴈行叔在藪火烈具揚 揚揚光也 叔善射忌又良御忌 忌辭也 抑磬控忌抑縱送忌 騁馬曰磬止馬曰控發矢曰縱從禽曰送

〇叔于田。乘乘鴇。驪白雜毛曰鴇。兩服齊首。馬首齊也。兩驂如手。進止如御者之手。叔在藪。火烈具阜。阜盛也。叔馬慢忌。叔發罕忌。慢遲。罕希也。抑釋掤忌。抑鬯弓忌。掤所以覆矢。鬯弓弢弓。

大叔于田三章章十句。

案。四馬爲乘。古者諸侯一車駕四馬。如組言御之善也。說已見于前。在外曰驂。火烈言火有行列也。具舉言衆同心也。言叔之從莊公田也。乘一乘之馬。執轡在手。而御如織。驂服和諧。而節如舞。其在藪也。列人持火同時俱舉。於是叔襢裼而搏虎。以獻諸公所。公曰。請女無復習。戒愼哉。恐其傷女矣。蓋暴虎以獻。示勇力玩公也。公戒其傷女。尋常兄弟友愛之言耳。若實愛叔。則當有教之之方矣。徐筆洞云。戒其傷女之言。是戒其傷于虎乎。戒其傷于公乎。人言可思可醒。刺意與上篇同。二章專言其才藝也。在內曰服。襄駕也。馬之最良爲上駕。鴈行。

言驂服相次序也。抑發語辭。**卒章**言田事畢也。釋解也。掤箭筩之蓋也。鬯韜弓之器也。言及田之將罷也。叔之馬既遲矣矢又希矣。乃釋掤以覆矢執鬯以弢弓從容整暇得意洋洋。其勇才如此。夫段之惡易知而莊公之罪難見。故春秋書鄭伯克段以譏失教。叔于田二詩皆美叔段之材武無一辭他及而序以爲刺莊公其旨一也。

清人。刺文公也。高克好利而不顧其君文公惡而欲遠之不能使高克將兵而禦狄于竟陳其師旅翱翔河上久而不召衆散而歸高克奔陳公子素惡高克進之不以禮文公退之不以道危國亡師之本故作是詩也。

清人在彭駟介旁旁。清邑也彭衛之河上鄭之郊也介甲也二矛重英河上乎翱翔。重英矛有英飾也○清人在消駟介麃麃。消河上地也麃麃武貌二矛重喬河上乎逍遙。重喬累荷也○清人在軸駟介陶陶。軸河上地也陶陶驅馳之貌左旋右抽中軍作好。左旋講兵右抽抽矢以射居軍中爲容好

清人三章章四句。

案春秋閔二年冬狄入衛。蓋衛在河北。鄭在河南。恐其渡河而南侵。乃使高克將兵於河上以禦之。鄭玄云清者高克所帥衆之邑也。駟介四馬被甲也。旁旁驅馳之貌。二矛酋矛夷矛也。並建于車上。長短不齊。其英重疊。故謂之重英。言克之帥清人在彭也。駟介旁旁。車上建二矛英飾重疊。翱翔乎河上。是時衛既爲狄所敗。距高克將兵之地。僅隔一河。當枕戈露刃。不遑寧處。而尚翱翔逍遙。以兵爲戲。克固無將兵之才。但以惡之。故使禦狄

也。既已惡之。而復委以兵柄。豈將假手於狄。以剪所忌邪。向使克自知罪在不宥。擁兵自固。或召狄以內寇。而爲之應。或奔狄以輸情。而爲之謀。則是反以禦狄者餌狄。何幸之有。即不然。而以三軍之衆。勒一夫。是投鼠以千金之璧。豈不愚哉。猶幸師潰且歸。克僅束身以奔陳也。甚矣文公以己國僥倖也。春秋書曰。鄭棄其師。蓋云非克之棄鄭師。而鄭之自棄其師也。故序以爲危國亡師之本。**二章**矛柄近上有鉤。曰喬。所以懸英也。故傳以爲累荷。**卒章**中軍。軍中也。左旋右抽。軍中爲容好。皆閒暇無爲逍遥之狀也。

羔裘。刺朝也。言古之君子。以風其朝焉。

羔裘如濡。洵直且侯。如濡。潤澤也。洵均。侯君也。彼其之子。舍命不渝。渝變也。○羔裘豹飾。孔武有力。豹飾。緣以豹皮也。孔甚也。彼其之子。邦之司直。司主。○羔裘晏兮。三英粲兮。晏鮮盛貌。三英三德也。彼其之子。邦

之彥兮。彥士之美稱

羔裘三章章四句。

案羔裘大夫朝服也。且侯言其儼然。人望而畏之其德可使南面也。舍猶處也。命天命也。古之君子。服羔裘在朝。其色潤澤。性行均直。服稱其德。儼然有上人之度其當事也。處命不變其道。守志不革其節。陳古之君子所以風刺今朝廷無此人也。二章直者謂伸其道義不曲從人也。邦之司直。言能爲邦國主持道義也。卒章粲兮德之外形也。孔子曰不知命無以爲君子也。是故直不處于命則矯激而沽名矣。彥不處于命則粉飾而炫采矣。故首言舍命不渝而次承以直以彥也。

遵大路思君子也。莊公失道。君子去之。國人思望焉。

遵大路兮。摻執子之袪兮。遵循路道摻擥袪袂也。無我惡兮不寁故也。寁、速也。〇遵大路兮摻執子之手兮無我魗兮不寁好也。魗、棄也。

遵大路二章章四句。

案莊公殺弟幽母射王中肩。悖逆已甚。君子去之。詩人托爲挽留者之詞。故、故事也。言遵大路。擥持其袂。留之而曰無我惡也。以莊公不速先君之故事。故使子去也。無以君之故而棄斯國人也。卒章好善也。謂善道也。朱熹以此詩爲淫婦之詩。引宋玉好色賦爲證。夫宋玉稱詩。正竊用其語耳。文人用詩語。率如是。何反以此詩爲宋賦註脚乎。此泥于鄭聲淫一語。而動輒目鄭詩爲淫。庸知聲與詩本自別也。

女曰雞鳴刺不說德也。陳古義以刺今不說德而好色也。

女曰雞鳴，士曰昧旦。子興視夜，明星有爛。言小星已不見也。將翺將翔，弋鳧與鴈。閒於政事則翺翔習射。○弋言加之，與子宜之。宜肴也。宜言飲酒，與子偕老。琴瑟在御，莫不靜好。君子無故不徹琴瑟，賓主和樂，無不安好。○知子之來之，雜佩以贈之。雜佩者珩璜琚瑀衝牙之類。知子之順之，雜佩以問之。問遺也。知子之好之，雜佩以報之。

女曰雞鳴三章，章六句。

案序云不說德者，謂不說有德人也。云好色者，鄭俗爲爾。當是時也，莊公惟祭仲、祝聃、高渠彌之徒是信是用，故陳古賢士之義，以刺今不說若人也。昧旦，天欲旦，昧晦未辨之際也。明星，啓明之星，先日而出者也。將，發語辭。弋，繳射也，謂以生絲繫矢而射也。言古之賢士夫婦相警，女曰雞鳴可興矣，士曰恐已昧旦矣，蓋謂失其期也。女又曰惟子宜興而視夜。意者明星尚爛然矣。其相警戒不留色如此。則早朝於君。從事於職。可知也。政事有間。則將翺將翔。弋鳧與鴈。所以習射也。夫射者。士之盛藝也。容比于禮。節比于樂。古者諸侯貢士于天子。天子試貢士澤宮。蓋籍以觀德焉。非它末技之比矣。諺云。官怠於成。孝衰於妻子。閨門之裏。特爲易留連。夫妻相警覺。孳孳不怠於職。不以色易德。其賢可概矣。故擧以爲美義。二章承上章而言。親賢以輔成其德也。言我也。加加豆也。燕禮牲牢之外。別有此肴。故謂之加。子謂賓客也。琴瑟所以樂賓客也。御侍。靜安也。言所弋之鳧鴈。我爲賓客爲加豆之實。與子共肴羞之。我與子共飲酒。願白首無相忘焉。于時琴瑟在於侍御。賓主和樂無不安好矣。卒章言遇賢致厚意也。順謂與己和順也。好謂與己同好也。言我若知子之必來。我則豫儲雜佩以送子也。雖無此物。猶言之以致其厚意。若其有之。尚將行之。昔人稱賢賢於好賢。故首擧夫婦相警不怠於職業。卒之以好賢之義云。

有女同車，刺忽也。鄭人刺忽之不昏于齊。太子忽嘗有功于齊，齊侯請妻之，齊女賢而不取，卒以無大國之助，至於見逐，故國人刺之。

有女同車，顔如舜華。親迎同車也。舜，木槿也。將翺將翔，佩玉瓊琚。佩有琚瑀，所以納閒。彼美孟姜，洵美且都。孟姜，齊之長女。都，閑也。○有女同行，顔如舜英。行，行道也。英猶華也。將翺將翔，佩玉將將。將將鳴玉而後行。彼美孟姜，德音不忘。

有女同車二章，章六句。

案：左傳隱八年，鄭公子忽如陳逆婦。後桓六年，忽有功于齊，齊侯請妻之，則蓋是時嬀氏已死，忽將改娶也。舜華色之麗者。其華朝生莫隕。嚴粲云。舊說以有女即孟姜。其文重複。彼乃別指之辭。有女同車。謂忽嘗所娶陳女也。彼孟姜。謂齊侯女也。言所親迎陳女。顏如舜華之麗。然此所取特其色耳。夫女色易衰。譬如朝生莫隕。故以舜華。況焉。言不足恃也。雖有舜華之顏。加以瓊琚之佩。終不若彼美孟姜。信美且閑雅也。以言齊國大勢強。足以爲援。非如陳國小力弱不足恃也。

六章忽如陳以媯氏歸。故曰同行。德音令譽也。不忘者。謂人相傳也。以愚而論。忽之不昏于齊。未爲失也。丈夫不能自強。欲求寵于婦人女子。以借援婦翁。此固小人之心耳。夫齊大國也。于時小霸也。人情思求繫援。惟恐不得。乃齊侯欲妻之。而忽以非耦辭。再請妻之。而又以不敢鄙昏固辭。其言云。自求多福。在我而已。大國何爲。此毅然丈夫之志也。夫齊之所欲妻者。文姜也。向令忽昏于齊。縱能免於見逐。亦何能逭彭生之禍。國人見突挾宋之援以逐忽。忽之無援以至於此。乃追恨刺之。是事後成敗之論耳。衆人之情也。故序國人刺之云。朱熹疑謂此詩亦淫奔之詩。而曰。德音不忘。言其賢也。果淫奔之詩邪。何以

謂之賢其自矛楯如此且左傳鄭六卿餞晉韓宣子于郊子旗賦有女同車而宣子皆稱善豈有淫奔之詩而可登之燕享者乎

山有扶蘇刺忽也所美非美然

山有扶蘇隰有荷華 興也扶蘇扶胥小木也荷華扶渠也其華菡萏言高下大小各得其宜也 不見子都乃見狂且 子都世之美好者也狂狂人也且辭也 山有橋松隰有游龍 松木也龍紅草也 不見子充乃見狡童 子充良人也狡童昭公也

山有扶蘇二章章四句

案子都子充皆男子美好之通稱此詩所稱以德之美山有扶蘇隰有荷華言高下大小各得其所也以興在位宜各隨其材居其官也今昭公之朝官非其人職非其器不見美德之君子但見狂醜之小人夫高高下下

何地無材。即洪纖異品天喬殊植。均之有當于用。鄭雖蕞爾豈無堪任之臣。何宜見者不見。不宜見者偏見也。此由其所美非美也。**卒章**橋與喬通。高也。游。枝葉放縱也。不見子充。乃見校童。言在位不得其人。本由昭公之不明。故云不見美德之君子。乃見昭公。朱熹以爲淫女戲其所私者。淺陋甚矣。

蘀兮刺忽也。君弱臣彊。不倡而和也。

蘀兮蘀兮。風其吹女。興也。蘀。槁也。人臣待君倡而後和。叔兮伯兮。倡予和女。叔伯。言羣臣長幼也。君倡臣和也。〇蘀兮蘀兮。風其漂女。漂。猶吹也。叔兮伯兮。倡予要女。要成也。

蘀兮二章章四句。

案蘀木葉槁而將落者也。上女。女於蘀。下女。女於君。蘀乎蘀乎。待風而後落。以喻人臣待君倡而後和也。叔也伯也。君倡則和之矣。今君弱臣彊。故不倡而和也。此所以刺也。何楷云。不知朱熹何意。必欲以爲淫女之詞。夫女雖善淫。不應呼叔兮又呼伯兮。殆非人理。言之汚人齒頰矣。又鄭六卿。餞韓宣子。子柳賦蘀兮。宣子稱善。則其非淫詩可知

狡童刺忽也。不能與賢人圖事。權臣擅命也。

彼狡童兮。不與我言兮。昭公有壯狡之志 維子之故。使我不能餐兮。憂懼不遑餐也。○彼狡童兮。不與我食兮。不與賢人共食祿。 維子之故。使我不能息兮。憂不能休息也。

狡童二章。章四句。

案。昭公雖年長。無成人之實。故謂之狡童。如左傳稱魯昭年十九。猶有童心也。言賢者欲與忽圖政事。而忽不

能受之維子之故使我憂懼不遑餐也蓋忽稱狡則必口給乎辯慧切對之辭心通乎短言小說之文者也夫黜乎小事則必疏乎大體故迂遠大之圖而是近小之佞不與賢者圖事而令權臣擅命也

褰裳思見正也狂童恣行國人思大國之正己也

子惠思我褰裳涉溱 惠愛也溱水名也 子不我思豈無他人狂童之狂也且 狂行童昏所化也 ◯子惠思我褰裳涉洧 洧水名也 子不我思豈無他士 士事也 狂童之狂也且

褰裳二章章五句

案鄭國突與忽爭國更出更入禍亂不已故國人思大國之正己以語大國之卿也鄭玄云子者斥大國之正卿也溱洧皆在鄭地從鄭而適他國必涉之也豈無他人言將告他國也狂童斥突也言子愛思我國我則褰

褰涉溱往告難矣若子不思我國豈無他國可告之乎方今鄭國狂童日益狂行蓋國人欲逐突而定忽也忽是莊公世子于禮宜立按春秋桓公十五年鄭伯突出奔蔡冬十有一月公會宋公衛侯陳侯于袲伐鄭十六年公會宋公蔡侯衛侯于曹夏四月公會宋公衛侯陳侯蔡侯伐鄭左傳云謀伐鄭納厲公也則是諸侯皆助突矣故設云子惠思我又云豈無他人歐陽修非序謂以難告人豈待其思而後往告此不淺考耳 卒章他士謂他國之卿也鄭玄云大國之卿當天子之上士士者堪任於事之稱故傳云士事也惟釋士義耳朱熹亦以此詩爲淫女語其所私者之詞忠臣發國之告心反墮媟褻之昵幃吁寃矣哉

丰刺亂也昏姻之道缺陽倡而陰不和男行而女不隨

子之丰兮俟我乎巷兮丰豐滿也巷門外也悔予不送兮時有違而不至者

○子之昌兮，俟我乎堂兮。昌，盛壯貌。悔予不將兮。將，行也。○衣錦褧衣，裳錦褧裳。衣錦褧裳，嫁者之服。叔兮伯兮，駕予與行。叔伯，迎己者。○裳錦褧裳，衣錦褧衣。叔兮伯兮，駕予與歸。

丰四章，二章章三句，二章章四句。

案：坊記云：昏親迎見于舅姑，舅姑承子以授壻，恐事之違也。以此坊民，婦猶有不至者。鄭國政衰，昏姻禮廢，男子親迎而女有違而不至者，後不得耦而追悔焉。言日有男子面貌丰然，來而親迎，俟我乎門外，悔予不送之行也。【一二章】堂，門堂也。【三章】上衣去聲。褧，禪也。衣錦加禪衣，爲其文之太著也。鄭玄云：此庶人之嫁服也。此章望夫更來迎己也。言衣裳既備，叔也伯也，若復駕車而來，我則與之行矣。【卒章】婦人謂嫁曰歸。朱熹謂婦人與所私期，而有異志，既乃悔之。然則是奔也，豈有奔其人而乃具禮服以待車馬者乎？且堂上非所私之地，伯也叔也也。何所私之衆哉。

東門之墠。刺亂也。男女有不待禮而相奔者也。

東門之墠。茹藘在阪。東門，城東門也。墠，除地町町者。茹藘，茅蒐也。男女之際，近而易則如東門之墠，遠而難則茹藘在阪。其室則邇。其人甚遠。邇，近也。得禮則近，不得禮則遠。○東門之栗。有踐家室。栗，行上栗也。踐，淺也。豈不爾思。子不我即。即，就也。

東門之墠二章章四句

箋。鄭國衰亂。男女不待禮而相奔。故刺之也。東門。鄭要會之地。故取以興焉。言男女之際。以禮則近而易。如踐東門之墠。今男女欲不待禮而相奔。故遠而難。如登茹藘之阪。其室雖近其人甚遠。蓋當時男女之相奔者思之不得見。嘆室雖近而人甚遠。故詩人仍其言以刺之也。卒章言得禮則易也。子斥男子。不我就。謂不親迎也。

言行上果取之甚易淺家室其人亦近豈不爾思乎但子不以禮就我耳案子貢傳申培說並無此篇日而於王風有唐棣篇名鄒忠胤云魯論所載唐棣之華偏其反而豈不爾思室是遠而即此篇首章也通三章章四句今試細翫其文義每章承上文遞下而各自爲韻首章言室遠次言室非果遠但其人自遠二章有踐家室室之邇也子不我即人之遠也愚謂此篇與論語所引詩詞大類二家合之所謂延津躍劍合浦還珠信非牽合矣惟爲王棄賢大夫風之則不足信也已

風雨思君子也亂世則思君子不改其度焉

風雨淒淒雞鳴喈喈 興也風且雨淒淒然雞猶守時而鳴喈喈然 既見君子云胡不夷 胡何夷說也 ○風雨瀟瀟雞鳴膠膠 瀟瀟暴疾也膠膠猶喈喈也 既見君子云胡不瘳 瘳愈也 ○風雨如晦雞鳴不已 晦昏也 既見

君子云胡不喜

風雨三章章四句

案嚴粲云鄭五公子之亂時事反覆士之怵于利害隨勢變遷失其常度者多矣故詩人思君子不改其度焉蓋風淒淒雨晦有似亂世荒昧景象故以風雨興焉雖風雨淒淒乎雞猶守時而不輟其鳴以喻君子雖居亂世不變改其節度也今日時世無復有若人若既得見若人則云何而不悦哉 **二章** 瘳憂愈也 **卒章** 不已者接續而鳴也謂曉天雞鳴愈速也荀卿曰歲不寒無以知松栢事不難無以知君子亂世然後小人君子之分別矣陸機演連珠劉峻辨命論皆祖序義朱熹以風雨雞鳴爲淫奔之時大失詩趣義亦俚矣左傳鄭六卿餞韓宣子子游賦風雨其非淫詩不待辨而明

子衿刺學校廢也世亂則學校不修焉

青青子衿。悠悠我心。青衿。青領也。學子之所服。縱我不往。子寧不嗣音。嗣。習也。古者教以詩樂。誦之。歌之。絃之。舞之。○青青子佩。悠悠我思。佩。佩玉也。士佩瓀珉而青組綬。縱我不往。子寧不來。不來者。言不來也。○挑兮達兮。在城闕兮。挑達。往來相見貌。乘城而見闕。一日不見。如三月兮。言禮樂不可一日而廢。

子衿三章。章四句。

案。鄭國學校不修。學子分散。朋友不復羣居。不相見而思之也。悠悠。憂思也。言思青青子衿。我心乃悠悠思之之辭也。縱我不往見子。子寧得不來者詩樂乎。責廢業去學也。首章。縱我不往。子寧不來。所謂禮聞來學。不聞往教也。卒章。挑達城闕。閒日遨遊無度者也。夫學校之設。春秋教以禮樂。冬夏教以詩書。學子朝而受業。晝而講貫。夕而習復。夜而計過。何暇爲城闕之遊。挑達自嬉乎。今燕朋逆其師。燕辟廢其學。惟好登高候望爲樂。此固我心所以悠悠也古之君子時教既有正業退息必有居業遊以采齊行以肆夏禮樂不可一日而廢也一日廢禮樂則非僻之心或入矣・日不見如三月蓋謂一日之所廢所失之多也朱熹謂此詩儇薄不可施之學校亦以淫奔目之然其作白鹿洞賦曰廣青衿之疑問則仍序說其識見不定如此

揚之水閔無臣也君子閔忽之無忠臣良士終以死亡而作是詩也

揚之水不流束楚 揚激揚也激揚之水可謂不能流漂束楚乎 終鮮兄弟維予與女無信人之言人實迋女也 迋誑 ○揚之水不流束薪終鮮兄弟維予二人 二人同心也 無信人之言人實不信

揚之水二章章六句

案。鄭國專政之臣。祭仲與高渠彌。而羣臣皆莫非其黨。釋篇中維予二人云。則愛忽者僅此二人耳。鄭玄云。作此詩者。同姓臣也。楚薪木也。激揚之水。可謂不能流漂一束之楚乎。以喩忽據南面之尊。其勢非難制臣子也。然忽無忠臣良士。又雖多兄弟。皆懷心外。是雖多猶鮮也。維予與女有耳。無信人之言。竄端匿跡。皆懷二心。終實誑女耳。讀此詩。乃想見忽之爲人。必多猜善忌。此其所以無忠臣良士也。夫木腐虫生。心猜讒入。維予二人。亦不能自保于讒間。此忽之所以亡也。按國風揚之水三見。王風言平王不能令諸侯。唐風言晉昭不能制曲沃。此詩言忽不能制權臣。取喩皆同。朱熹改爲淫詩。而于兄弟二字難解。則引戴記而曰。兄弟婚姻之稱。然章首揚之水二句。當作何解。其附會可見已。

出其東門。閔亂也。公子五爭。兵革不息。男女相棄。民人思保其室家焉。

出其東門，有女如雲。如雲謂衆多也。雖則如雲，匪我思存。思不存乎相救急。縞衣綦巾，聊樂我員。縞衣白色男服也。綦巾蒼艾色女服也。願室家得相樂也。○出其闉闍，有女如荼。闉曲城也。闍城臺也。荼英荼也。言皆喪服也。雖則如荼，匪我思且。縞衣茹藘，聊可與娛。茹藘茅蒐之染女服也。娛樂也。

出其東門二章，章六句。

案鄭公子爭國，兵革不息，夫妻不能相保也。鄭玄云：有女謂諸見棄者也。縞衣綦巾，自謂己夫妻也。員與云同，語辭。言出其東門，棄女如雲，兵革喪亂之景象可想見矣。雖則如雲，匪我思之所能存救也，惟願得我夫妻完聚相樂焉耳。卒章，且亦語辭。兵革之後，喪服者多，故曰如荼。夫死于役，非獨生棄也。

野有蔓草，思遇時也。君之澤不下流，民窮於兵革，男

女失時思不期而會焉

野有蔓草零露漙兮興也野四郊之外蔓延也漙漙然盛多也有美一人清揚婉兮邂逅相遇適我願兮清揚眉目之間婉然美也邂逅不期而會適其時願○野有蔓草零露瀼瀼瀼瀼盛貌有美一人婉如清揚邂逅相遇與子偕臧臧善也

野有蔓草二章章六句

案零落也言野草之蔓延由零露之霑潤以喻民之蕃息由君澤之恩育也于時鄭國喪亂君澤不下流民窮於兵革男女失時不得配耦桃夭過矣摽梅失矣男女之適願而偕臧者少矣故設言其人以思不期而會焉有美一人清揚婉兮設言其人也苟得邂逅相遇是適我願也

溱洧刺亂也兵革不息男女相棄淫風大行莫之能救焉

溱與洧方渙渙兮溱洧鄭兩水名渙渙盛也士與女方秉蕑兮蕑蘭也女曰觀乎士曰既且且往觀乎洧之外洵訏且樂訏大也維士與女伊其相謔贈之以勺藥勺藥香草○溱與洧瀏其清矣瀏深貌也士與女殷其盈矣殷衆也女曰觀乎士曰既且且往觀乎洧之外洵訏且樂維士與女伊其將謔贈之以勺藥

溱洧二章章十二句

案此詩人言鄭俗淫佚以叙其事也渙渙春氷既泮而水盛也所謂桃華水下之時也于此之時鄭士女秉蕑

於水上。女謂士曰。觀夫洧之外乎。士曰。吾已觀矣。未之
從也。女復勸曰。且往觀乎。洧之外。寬大而且樂。于是士
與女俱往。相與戲謔。情意既熟。送別以勺藥。勺藥一名
可離。故贈以志離別。云古之人行之。入士女之際便
成惡俗矣。卒章嚴粲云。將方且也。言方且相謔而未已
也。按夫子刪詩存鄭衞淫慢。何也。夫詞致儇佻。自風氣
使然。夫子惡亂雅樂者。惡其聲也。非惡其詩。如惡其詩
盡早刪之矣。國風。徒歌也。詩何與焉。夫人情莫所不至。
仍人情之所必存。而以此之善。何詩不可垂教。故曰蔽
思無邪。春秋之時。列國大夫賦詩見志。各取其所取。展
轉以窮。故曰。詩可以興。鄭衞讌狎。如莊士讀不欲竟。夫
子顧有取焉。蓋桑中可以知衞之亂。溱洧可以觀鄭之
衰。在朝廷而知閭巷之態。居盛世而觀衰亂之風。國史
明乎得失之迹。詩可以觀。君子不達乎人情世態。無以
為政。此夫子所以存鄭衞也。後儒謬以鄭聲為鄭詩。其
說至乎桑中溱洧亦窮矣。於是乃謂是勸善懲惡之設
為。果若其說。奚聖人之教之迂遠也。朱熹於關雎哀而
不傷焉。嘖嘖之解。坐此。故爾。如鄭聲即鄭詩。則宋固無

詩何謂宋音燕女溺志耶

鄭國二十一篇五十三章二百八十三句

齊雞鳴詁訓傳第八

雞鳴思賢妃也哀公荒淫怠慢故陳賢妃貞女夙夜警戒相成之道焉

雞既鳴矣朝既盈矣雞鳴而夫人作朝盈而君作匪雞則鳴蒼蠅之聲蒼蠅之聲有似遠雞之鳴○東方明矣朝既昌矣東方明則夫人纚笄而朝朝已昌盛則君聽朝匪東方則明月出之光見月出之光以爲東方明○蟲飛薨薨甘與子同夢古之夫人配其君子亦不忘其敬會且歸矣無庶予子憎會會於朝也卿

大夫朝會於君朝聽政夕歸治其家事無廢予子憎無見惡於夫人

雞鳴三章章四句

案古之賢妃御於君所至於將旦之時乃告曰雞既鳴矣朝既盈矣欲令君蚤起而視朝也然匪是雞實則鳴乃是蒼蠅之聲耳蓋賢妃心惟恐失告故以蒼蠅之聲爲雞鳴也子曰觀過斯知仁矣是之謂也昔周宣王有脫簪之后而卒成中興后即齊女也今所陳賢妃豈先齊之賢妃乎**卒章**薨薨衆貌甘樂庶衆也子謂君也夜將旦百蟲作矣蓋短夜之景象也當此之時我豈不樂與子同寢而夢哉然會於朝者俟君不出則將散歸矣無使衆臣以予之故而憎子哉蓋詭自爲以爲君何其婉以切也

還刺荒也哀公好田獵從禽獸而無厭國人化之遂成風俗習於田獵謂之賢閑於馳逐謂之好焉

子之還兮遭我乎峱之閒兮還便捷之貌峱山名竝驅從兩肩兮揖我謂我儇兮從逐也獸三歲曰肩儇利也○子之茂兮遭我乎峱之道兮茂美竝驅從兩牡兮揖我謂我好兮○子之昌兮遭我乎峱之陽兮昌盛也竝驅從兩狼兮揖我謂我臧兮狼獸名臧善也

還三章章四句

案鬬雞走犬六博蹴鞠者齊之俗固然哀公好田獵國人輒化之其於田事尤所習也乃卒然狹道相逢而欲以僄佼還佼彼此相稱譽我稱子之便捷則子譽我之儇利意氣飛動勃勃見於眉宇之間所以深其刺者深矣然豪爽駿快之間猶存揖讓後至桓公興覇業蓋有其漸矣鄧元錫云雞鳴刺色荒也還刺禽荒也雞鳴思古賢妃不言今好內還言俗好獵不言君從禽斯風人之旨哉

著刺時也時不親迎也

俟我於著乎而充耳以素乎而俟待也門屏之閒曰著素象瑱尚之以瓊華乎而瓊華美石士之服也○俟我於庭乎而充耳以青乎而青青玉尚之以瓊瑩乎而瓊瑩石似玉卿大夫之服也○俟我於堂乎而充耳以黃乎而黃黃玉尚之以瓊英乎而瓊英美石似玉者人君之服也

著三章章三句

案。而爾古通用。著，壻家之著也。尚，加也。昏禮，壻往婦家親迎，既奠鴈，御輪而先歸，待於門外。婦至，則揖以入。時齊俗不親迎，但盛飾以俟婦於其著。故詩人托於新婦言，以刺其廢禮也。蓋壻盛服意氣揚揚而俟之著，婦但津津壻之盛飾爲可喜，其廢禮之處，都如父母不知也。翁媼不知也，壻不知也，女亦不知也。當時爲俗宛乎吉衰矣。三章、章謂卿大夫也。卒章、章謂人君也。言自國君皆然。曾哀公問孔子曰、冕而親迎、不已重乎。孔子愀然作色而對曰、合二姓之好、以繼先聖之後、以爲天下宗廟社稷之主。君何謂已重乎。是雖國君亦親迎矣。戴記云、昏禮萬世之始也。男子親迎、男先於女、剛柔之義也。天先乎地、君先乎臣、其義一也。

東方之日、刺衰也。君臣失道、男女淫奔、不能以禮化也。

東方之日兮、彼姝者子、在我室兮。興也。日出東方、人君明盛無不照察也。姝者初昏之貌。在我室兮、履我卽兮。履禮也。○東方之月兮、彼姝者子、在我闥兮。月盛於東方、君明於上若日也。臣察於下若月也。闥門內也。在我闥兮、履我發兮。發行也。

東方之日二章章五句。

案。我即、即我也。東方之日、以喩人君明盛無不照察也。君以禮道之。民乃化之、則彼姝然女子在我室矣。夫在我室者、是以禮即我者也。當君臣失道、男女淫奔之時、特歌明世之正禮。其刺譏亦婉矣。獨無愧于東方之日東方之月耶。卒章月以喩臣也。君明於上、若日。臣察於下、若月。道君臣皆率道也。我行來於我也。此詩序但云刺而不著其所刺爲誰。然詳繹君臣失道云、則知其爲莊公之詩。莊公驟如崔氏、以通其妻。遂爲崔杼所弑。君臣失道孰大焉。子貢傳以爲刺莊公、是已。然詩人爲國惡諱、故不正言。朱熹但謂淫奔之詞、嚼蠟殊甚。

東方未明、刺無節也。朝廷興居無節、號令不時、挈壺氏不能掌其職焉。

東方未明、顚倒衣裳。上曰衣、下曰裳。顚之倒之、自公召之。○東方未晞顚倒裳衣晞明之始升倒之顚之自公令之也令告○折柳樊圃狂夫瞿瞿柳柔脆之木樊藩也圃菜園也折柳以爲藩圃無益於禁矣瞿瞿無守之貌古者有挈壺氏以水火分日夜以告時於朝不能辰夜不夙則莫辰時夙早莫晚也

東方未明三章章四句

箋玉藻云朝辨色始入挈壺氏失漏刻之節東方未明而以明告羣臣急遽顚倒衣裳夫顚之倒之非自急遽也以自公召之之故也所謂興居無節號令不時者也

【補箋】折柳樊圃雖有如無以興瞿瞿狂夫主挈壺氏之事也乃不能記時夜不早則晚矣夫人主以官人爲能人臣以任職爲能人主而不能用人則不任不獨挈壺顚倒不獨衣裳也詩人以此刺寓意深矣

南山刺襄公也鳥獸之行淫乎其妹大夫遇是惡作

詩去之

南山崔崔雄狐綏綏興也南山齊南山也崔崔高大也國君尊嚴如南山崔崔然雄狐相隨綏綏然無別失陰陽之匹魯道有蕩齊子由歸蕩平易也齊子文姜也既曰歸止曷又懷止懷思也○葛屨五兩冠緌雙止葛屨服之賤者冠緌服之貴者魯道有蕩齊子庸止庸用也既曰庸止曷又從止○蓺麻如之何衡從其畝蓺樹也衡獵之從獵之種之然後得麻取妻如之何必告父母必告父母廟既曰告止曷又鞠止鞠窮也○析薪如之何匪斧不克克能也取妻如之何匪媒不得既曰得止曷又極止極至也

南山四章章六句

案綏綏。求匹之貌。魯道。適魯之道也。由從也。婦人謂嫁曰歸。雄狐綏綏。喩襄公淫乎其妹也。襄公居尊嚴之位。何爲此雄狐之行乎。魯道蕩然。文姜嘗從此道嫁于魯矣。既其如此。襄公曷復懷之乎。**二章** 五者數之奇也。屨以兩隻爲具。故曰兩。綏必屬乎冠。故冠綏連稱。綏纓也。言葛屨五兩。其數雖奇乎。以冠綏雙。則非其匹矣。以喩襄公淫乎文姜也。庸言用此道嫁于魯也。從相從也。**三章** 取妻之禮。議於生者。卜於死者。此之謂告。言藝麻者從橫乎其畝。以興取妻必告父母也。飲食男女。人之大欲存焉。先王制禮。先此二者。孔子曰。人道禮爲大。而禮婚姻爲大。同姓不取。匪媒不取。今襄公淫乎其妹。曷窮此穢行乎。**卒章** 極。言至於此也。案魯桓弑兄自立。有危心焉。故結婚于齊。以自固。文姜即襄之欲妻。忽者也。忽失援而身死。桓得援而身亦死。鈞之死耳。而有辱名焉。嗚寧爲桓乎。寧爲忽乎。

甫田大夫刺襄公也。無禮義而求大功。不修德而求諸侯志大心勞所以求者非其道也。

無田甫田。維莠驕驕。興也。甫大也。大田過度而無人功終不能獲。無思遠人。勞心忉忉。忉忉憂勞也。言無德而求諸侯徒勞其心忉忉耳。○無田甫田。維莠桀桀。桀桀猶驕驕也。無思遠人。勞心怛怛。怛怛猶忉忉也。○婉兮孌兮。總角丱兮。未幾見兮。突而弁兮。婉孌少好貌。總角聚兩髦也。丱幼稚也。弁冠也。

甫田三章。章四句。

案。上田謂墾耕。下田謂土地也。莠害禾草也。驕驕張王之意。思遠人求諸侯從己也。言無田大田。人功不給則多見莠之驕驕耳。以喩無德義而求大功。徒勞其心也。襄公嘗師于首止。殺鄭子亹。轘高渠彌。又嘗伐衞而納紀季之酅。又嘗與宋魯陳蔡再伐衞而納惠公。可謂務人功矣。然內行不治。德義不修。惟負衆恃力。所以求

者非其道也奚能有成哉不修本而修末不亦反乎

卒章突卒相見貌易云突如來如言婉孌幼童總角丱兮未幾見之突爾冠矣以喻人君內善其身外修其德居以幾何可以立功也夫能循其道而修之則勢有突爾成矣其成誠在不識不知中先哲有謂於甫田悟進學信哉

盧令刺荒也襄公好田獵畢弋而不脩民事百姓苦之故陳古以風焉

盧令令其人美且仁 ○盧田犬令令纓環聲言人君能有美德盡其仁愛百姓欣而奉之愛而樂之順時遊田與百姓共其樂同其獲故百姓聞而說之其聲令令然 ○盧重環 重環子母環也 其人美且鬈 鬈好貌 ○盧重鋂 鋂一環貫二也 其人美且偲 偲才也

盧令三章章二句

案盧黑色犬也韓國產最良戰國策云韓盧天下之駿犬是也言古有聞盧環聲而悅者非徒悅其田犬也以其人美德仁愛也孟子曰今王田獵於此百姓舉欣欣然有喜色此無他與民同樂也與是詩正相發[redacted]言既仁美且鬈也外傳載桓公問管仲曰昔吾先君襄公築臺以爲高位田狩畢弋不聽國政卑聖侮士而惟女是崇戎車待游車之裂戎士待陳妾之餘齊襄外作禽荒不減於內作色荒可以見矣

敝笱刺文姜也齊人惡魯桓公微弱不能防閑文姜使至淫亂爲二國患焉

敝笱在梁其魚魴鰥（鱮也鰥大魚）齊子歸止其從如雲（如雲言盛也）

敝笱在梁其魚魴鱮（魴鱮大魚）齊子歸止其從如雨（如雨言多也）

敝笱在梁其魚唯唯（唯唯出入不制）齊子歸止其從如水（水喻衆也）

敝笱三章章四句。

案敝敗也笱捕魚之器如雲言從者盛也亦以見其勢強盛焉言大魚在於梁非敝笱之所能制以喻魯桓微弱不能防閑文姜也然夫倡婦隨男女之大經也夫魚雖大乎非不可制者矣魴鱮之跋扈惟是由笱之敝敗中。卒章唯唯言出入惟其欲也

載驅齊人刺襄公也無禮義故盛其車服疾驅於通道大都與文姜淫播其惡於萬民焉

載驅薄薄簟茀朱鞹 薄薄疾驅聲也簟方文席也車之蔽曰茀諸侯之路車有朱革之質而羽飾。魯道有蕩齊子發夕 發夕自夕發至旦。○四驪濟濟垂轡濔濔 四驪言物色盛也濟濟美貌垂轡轡之垂者濔濔衆也。魯道有蕩齊子豈弟 言文姜於是樂

易然〇汶水湯湯行人彭彭。湯湯大貌。彭彭多貌。魯道有蕩齊子翺翔。翺翔猶彷徉也〇汶水滔滔行人儦儦。滔滔流貌。儦儦衆貌。魯道有蕩齊子遊敖。

載驅四章章四句。

案魯桓歿後文姜會齊侯于禚于祝丘于防于穀祝丘與防皆魯地而詩中言汶水湯湯則此詩蓋于會祝丘若防時作也載之爲言則也朱朱漆鞹革也所謂朱革之質也言襄公則驅車馬薄薄然以入魯境文姜發夕從魯道往會焉夫大都屬目之地於此驅馳其所求者何事其所合者何人曾無羞恥之色文姜急於赴會故發自夕行二章驪黑色馬也垂轡四馬垂六轡也豈弟本爲盛德之稱此以稱齊子者以其無慙恥之心亦樂易也所謂美惡不嫌同辭也三章孔穎達云魯在汶側鄭玄云汶水之上有都焉行人彭彭益見無恥之甚已

豈弟曰翺翔曰遊敖。無慙耻無忌憚情態盡乎詩中矣。胡氏嘉云詩人無一語及於淫褻而其惡著無一語及於刺貶而其刺深此詩之爲微妙也。朱熹似以爲齊人刺文姜之詩然則齊襄之罪可未減乎

猗嗟刺魯莊公也。齊人傷魯莊公有威儀技藝。然而不能以禮防閑其母失子之道。人以爲齊侯之子焉。

猗嗟昌兮頎而長兮猗嗟歎辭昌盛也頎長貌抑若揚兮抑美色揚廣揚美目揚兮好目揚眉巧趨蹌兮射則臧兮蹌巧趨貌○猗嗟名兮美目清兮。目上爲名目下爲清儀既成兮終日射侯不出正兮展我甥兮二尺曰正外孫曰甥○猗嗟孌兮孌壯好貌清揚婉兮婉好眉目也舞則選兮射則貫兮選齊貫中也四矢反兮以禦亂兮四矢乘矢

猗嗟三章章六句

案。若，語辭。古文而若通用。揚，顙也。顙貴闊，故云廣揚。下揚，揚眉也。臧，善也。猗嗟昌哉，莊公容貌頎然長好，美色廣揚，好目揚揚，有趨蹌然而射亦則善矣。威儀技藝其美如此。然而殊失人子之道。孔子曰：必也正名乎。夫車中之變，夫人與焉，則桓公之與文姜義既絕矣。是以春秋絕不爲親，不爲桓也。妻者莊也，安得爲母。不唯不爲母，亦其仇焉爾。然人子處之有難言者。止絕之而已。其於襄公，則不可俱戴天之仇也。舅其何有哉。禮亦防其穀之幾，不難執弓矢從事矣。恣負此偉形長技也。詩人所以猗嗟也。二章。名，眉眼之間清目下美好也。成，猶備也。侯，張布或皮而射之者也。正，設的於侯中而射之者也。展，誠也。人以莊公爲齊侯之子，而非我齊侯之子。誠我甥也。果爲齊之甥，則其爲仇也明矣。言展我甥，似爲解嘲，而刺譏還切矣。卒章。清揚，眉目之間也。選，謂齊於樂節也。反，復也。禮射三而止，每射四矢，皆得其故處，此之謂復云。其射足以禦亂，蓋激發莊公也。貫之在革，革

榮。歌杕杜可以知其瘁朱熹謂此詩無兄弟者自傷其
孤特而求助于人之詞鄒忠胤云夫詩明言豈無他人
不如我同父同姓求助
于人者立言固若是乎

羔裘刺時也晉人刺其在位不恤其民也

羔裘豹祛自我人居居 祛袂也本末不同在位與民異心自用也居居懷惡不相親比之貌

豈無他人維子之故○羔裘豹褎自我人究究 褎猶祛也究究猶居居也

豈無他人維子之好

羔裘三章章四句

案羔裘豹祛卿大夫之服也詩人因其服舉以興焉裘
祛異皮以喻在位與民異心也在位不以民之心爲心
其用使我民人也每居居然不相親比豈無他人可歸
往者乎惟以子故舊之人不忍去耳夫北風之欲攜手

同行碩鼠之欲適彼樂土皆奮然無復顧戀之心矣維子之故維子之好蓋唐之遺風也

鴇羽刺時也昭公之後大亂五世君子下從征役不得養其父母而作是詩也

肅肅鴇羽集于苞栩興也肅肅鴇羽聲也集止苞稹栩杼也鴇之性不樹止王事靡盬不能蓺稷黍父母何怙盬不攻緻也怙恃也悠悠蒼天曷其有所

肅肅鴇翼集于苞棘王事靡盬不能蓺黍稷父母何食悠悠蒼天曷其有極

肅肅鴇行集于苞桑行翮也王事靡盬不能蓺稻粱父母何嘗悠悠蒼天曷其有常

鴇羽三章章七句

案。自昭侯歷孝侯。鄂侯。哀侯。小子侯。翼侯。沃爭國。攸不休。序所謂大亂五世是已。其間王命虢公伐曲沃。定晉君者再矣。晉人從之詩稱王事是已。叢生曰苞。齊人名曰稹。栩木名。不能蓺稷黍。言父母無所資給也。不必謂躬耕也。鴇連蹄性不樹止。今乃集于苞栩。已失其所。以喻君子下從征役也。王事無不攻緻。不得養父母。父母將何恃乎。乃仰天云悠悠蒼天。何時使我得其所。或呼天。亦所以呼君耳　二章　極已也。常復其常也

無衣。刺晉武公也。武公始并晉國。其大夫爲之請命乎天子之使。而作是詩也

豈曰無衣七兮。侯伯之禮七命。冕服七章。不如子之衣。安且吉兮。諸侯不命於天子。則不成爲君。○豈曰無衣六兮。天子之卿六命。車旗衣服。以六爲節。不如子之衣。安且燠兮。燠煖也。

無衣二章章三句

案。武公始并晉。盡以寶器賂僖王。請命。二章皆其請命之辭也。衣七、謂七章之衣。周禮典命云。侯伯七命。車旗衣服皆以七爲節。是也。子、謂使者也。天子不敢指斥。晉國舊有七命之服。而武公以篡奪宗。心有未安。故欲更得命服也。言晉國豈曰無七章之服乎。但不如更得天子之命服。則心安且吉也。跋扈要王之意。隱然於言外。亦序舊作美武公。一本作刺武公。今從之。夫曲沃以蘖覆宗。是謂盜魁。禮有往受命。無來錫命。況請于國。有何可美。孔穎達謂曲沃之大夫美之。若然。則是子雲美新。袁宏九錫耳。是何足訓。聖裁所當刪也。沈無回云。武公日中。豈嘗有王哉。詩人惡之痛之。代爲請命之辭。故爲偃蹇者。蓋誅其意也。此說爲得之。亦以見惜周室之意焉。僅僅東周。孱王之衣。猶足以吉凶于人。則先王之威靈猶可保也。僖王貪寶貨。遂命爲諸侯。紀綱於是乎蕩然矣。鄒忠胤云。嗟夫。三大夫之分晉。祖僖之故智也。威烈之命。三晉襲僖之故事也。彼僖王者。固爲亂臣樹幟而天道好還於晉事亦可見矣**卒章**天子之卿六命出封加一等晉侯爵也出得七命則入爲王卿正當得六命矣朱熹云變七言六者謙也吁武公而安知謙乎

有杕之杜刺晉武公也武公寡特兼其宗族而不求賢以自輔焉

有杕之杜生于道左興也道左之陽人所宜休息也彼君子兮噬肯適我噬逮也中心好之曷飲食之○有杕之杜生于道周周曲也彼君子兮噬肯來遊遊觀也中心好之曷飲食之

有杕杜二章章六句

案杕之解已見于上道左道東也適之也曷何也鄭玄云日之熱恒在日中之後道東之樹人所宜休息也今

人不休息者以杕然杜木其陰寡故也以興晉國亦仕國也而人不往仕者由武公寡特而不求賢也彼君子兮何逮肯適我君之所乎卽中心誠好之何但飲食之當以禮待之

卒章 君子不但不往仕也亦不逮肯來遊觀也武公以擊奪嫡以臣要君君子之固所以望望而去也詩人託言道左道周之杕杜云耳居無何武公卒其子獻公聽士蔿之謀盡殺羣公子又無何驪姬之難作太子申生死內難迭興擾攘十有餘年使武公之世蚤有賢人與之在位留以輔之後人詎復至此迺知杕杜詩人見深而慮遠也

葛生刺晉獻公也好攻戰則國人多喪矣

葛生蒙楚蘞蔓于野 興也葛生延而蒙楚蘞生蔓於野喩婦人外成於他家 予美亡此誰與獨處 ○葛生蒙棘蘞蔓于域 域營域也 予美亡此誰與獨息 息止也 ○角枕粲兮錦衾爛兮 齊則角枕錦衾禮夫不在斂枕篋衾席韣而藏

予美亡此誰與獨旦。夏之日冬之夜（言長也）百歲之後歸于其居。冬之夜夏之日百歲之後歸于其室（室猶居也）

葛生五章章四句

案獻公在位二十六年其間伐驪戎伐翟祖伐耿伐霍伐魏伐東山皋落氏滅下陽圍上陽伐虢伐虞敗狄采桑凡十有餘戰其喪亡戍陳者多矣詩人託爲閨怨以諷之楚木名蘞草名予美婦人指其夫也亡無也孔頴達云上二句互文葛言生則蘞亦生蘞言蔓則葛亦蔓葛言蒙則蘞亦蒙蘞言于野則葛亦于野葛延而蒙于楚蘞生而蔓于野各繫所遇喻婦人生于父母而外依於他家也而我所美之人無於此我誰與而獨處於此乎夫兵凶戰危鋒鏑之下肝腦塗中原膏液潤野草夫從軍未還寂莫閨中夢魂馳千里之外未知其生存否唐人詩云可憐無定河邊骨猶是春閨夢裏人讀之俾人爲酸鼻

三章 傳營域當作塋域字之誤也塋域葬地

也變野言域見不可生而復見之意焉悽愴之情隱然

三章夫雖不在不失其祭當攝祭而齊則出夫之衾枕睹物思人情尤爲切獨且獨處至旦也四章鄭玄云居墳墓也夏日冬夜憂思更爲難遣於是乃斷君子之無歸期欲百歲之後同歸於丘而已此義之至情之盡也

采苓刺晉獻公也獻公好聽讒焉

采苓采苓首陽之巔興也苓大苦也首陽山名也采苓細事也首陽幽辟也細事喩小行也幽辟喩無徵也人之爲言苟亦無信舍旃舍旃苟亦無然苟誠也人之爲言胡得焉○采苦采苦首陽之下苦苦菜也人之爲言苟亦無與舍旃舍旃苟亦無然無與勿用也人之爲言胡得焉○采葑采葑首陽之東葑菜名也人之爲言苟亦無從舍旃舍旃

苟亦無然人之爲言胡得焉

采苓三章章八句

案舍置旃之也胡得者審何從而得之之辭也采有聽取之義大讒之興也繇取細事之當置而信幽暗之不必徵也故以采苓首陽之巔起興言人之爲言誠亦無輕以爲信置之置之而無遽以爲然但當審其爲言何從而得之耳輔廣云讒譖之人不良人之不聽而良人之能審今雖不聽彼將浸潤而入之則異日或不能不聽矣惟能審察而眞有以見其情僞之所以然則不惟不敢進而亦無自而進矣鄒忠胤云曲沃以篡得國一傳之後不庇其子則獻公信讒之過也史蘇之占曰挾以銜骨且懼有口苟可以攜其入也必甘恭晉獻之好讒已嘗售于士蔿之譖富子而女戎尤其最著者公固曰何口之有口在寡人寡人弗受誰敢興之無奈其受逞而不知也唐史有云艷嬖之興常在中主弟衵旣交則情與愛遷顏辭媚熟則事爲私奪技謀銷其悟先衰

誓揵于寵初夫如是雖欲弗受安得而弗受

唐國十二篇三十三章二百三句。

秦車鄰詁訓傳第十一

車鄰美秦仲也秦仲始大有車馬禮樂侍御之好焉。

有車鄰鄰有馬白顛 鄰鄰衆車聲也白顛的顙也 未見君子寺人之令。寺人內小臣也 ○阪有漆隰有栗 興也陂者曰阪下濕曰隰 既見君子並坐鼓瑟 又見其禮樂焉 今者不樂逝者其耋 耋老也八十曰耋 ○阪有桑隰有楊既見君子並坐鼓簧 簧笙也 今者不樂逝者其亡 亡喪棄也

車鄰三章一章四句二章章六句

案秦仲嬴姓伯爵虞舜之時大費佐禹平水土賜姓嬴是爲伯翳伯翳十六世孫曰非子居犬丘爲周孝王主馬汧渭間馬大蕃息孝王分土爲附庸邑秦谷續嬴氏祀號曰秦嬴秦嬴生秦侯秦侯生公伯公伯生秦仲秦至乎是始大白顛額有白毛謂之的顙覲禮云奉束帛匹馬卓上九馬隨之卓即的顙也以爲上列而九馬隨之則馬貴的顙也故秦人舉以誇美也君子指秦仲也寺人奄人也衆車鄰鄰馬有白顛言車馬之盛也於是始備侍御之臣體統極尊嚴矣未得見其君但見有寺人傳令也秦前此所未有故秦人美其始有也然致後世寺人之禍實濫觴於此焉古者君臣相與如家人父子唐虞之都俞欽哉于一堂可以見已至秦而自尊大屏居深宮君臣隔絕事必以寺人傳令楊愼云夫爲一國之君不接羣臣壅蔽已甚又不使他人而使寺人傳令焉蔽益甚矣其初已如此姍笑三代納用奄宦豈待混一然哉史記繆公學於宁人宁人守門之人即寺人也史書之醜之也三代之君必學於耆德以爲師保而繆公乃學於宁人以刑餘爲周召以法律爲詩書又不

待始皇胡亥已然矣則景監得以薦商鞅趙高得以殺扶蘇終於亡秦寺人之禍也聖人錄此以冠秦風垂戒深矣【二章】逝者猶言自今以往也阪有漆濕有栗喻君在乎上臣在乎下貴其分已尊嚴也而及人相見簡易可親亦於並坐見之猶距古未遠也鼓瑟鼓簧已變擊甕叩缶彈箏搏髀之陋而習華夏之風於是又見其禮樂焉失今不樂逝者其耋矣言秦俗悲歌慷慨彊毅果敢之氣象也已有安能邑邑以待數十百年之意矣【卒章】耋之後則喪棄矣

駟驖美襄公也始命有田狩之事園囿之樂焉

駟驖孔阜六轡在手（驖驪阜大也）公之媚子從公于狩（能以道媚於上下者冬獵曰狩）○奉時辰牡辰牡孔碩（時是辰時也冬獻狼夏獻麋春秋獻鹿豕羣獸）公曰左之舍拔則獲（拔矢末也）○遊于北園四馬既閑（閑習也）○輶

車鸞鑣載獫歇驕輶輕也獫歇驕田犬也長喙曰獫短喙曰歇驕

駟鐵三章章四句

案諸侯之君乃得順時遊田治兵習武取禽祭廟附庸之君其禮則闕秦始附庸也其狩獵馳逐不過涉豐州騁丘墟奔狐馳兎爲利獸之樂已耳至於襄公始命爲諸侯於是有田狩之禮園囿之樂焉四馬曰駟馬黒色爲驪取其色如鐵而且堅壯故曰鐵也孔甚也阜肥大也孔穎達云每馬兩轡四馬則八轡矣而詩每言六轡者驂馬內轡納之於觼故在手者唯六轡耳媚子以道媚于上下者謂善使君臣和合者也秦以蕃馬肇封故馬之類族甚悉小戎曰騏騮驪又曰騏馵車鄰曰白顚而此詩曰駟鐵夫毛馬齊色物馬齊力田狩而駟馬皆鐵齊力亦且齊色矣鐵性堅馯疑於難御而有繁手之勞今其六轡在手而已則其馬之良可知矣媚子從公于狩則其親賢者可知矣

二章牡獸牡者碩亦肥大也奉是時牡者謂虞人驅以待公射之也左之者命御

者使左其車以射獸之左也。朱熹云射必中其左。乃爲中殺。五御所謂逐禽左爲是故也。舍放也。拔受弦處矢以鏃爲首。故傳謂之矢末也。言公之出狩也。虞人驅是時獸以待射。時獸亦孔肥大矣。於是公戒御者曰左之。放拔則應弦而獲其獸。言公之善射也。卒章 養鳥獸曰苑。苑有垣曰囿。北囿近在國北者。輶車驅逆之車也。周禮田僕設驅逆之車是也。鸞鈴也。象鸞聲。鑣馬銜也。乘車鸞在衡。惟驅逆之車。置鸞於鑣。異於乘車矣。朱熹云以車載犬。蓋以休其足力也。韓愈畫記有騎擁田犬者。亦此類。此章言田狩已畢遊於北園也。夫以田獵之餘而興未闌。復有北園之遊。可以觀秦人之氣槩矣。秦俗驍悍狩獵馳逐其常事耳。何足以美襄公。今其詩曰辰牡。而又有奉之者。曰舍拔則獲。而已有左之者。曰輶車。曰鸞鑣。種種合度。按節而樂。不及盤。殺不殫物。講事度軌之意。隱隱見於言表。與齊風之盧。鄭風之叔于田氣象自不侔也。此詩人之所以美也。班固東都賦與騶虞車攻吉日並稱。良有以也。

小戎美襄公也備其兵甲以討西戎西戎方彊而征伐不休國人則矜其車甲婦人能閔其君子焉

小戎俴收五楘梁輈小戎兵車也俴淺收軫也五五束也楘歷錄也梁輈輈上句衡也一輈五束束有歷錄游環脅驅陰靷鋈續游環靷鐶也游在背上所以禦出也脅驅慎駕具所以止入也陰揜軓也靷所以引也鋈白金也續續靷也文茵暢轂駕我騏馵文茵虎皮也暢轂長轂也騏騏文也左足白曰馵言念君子溫其如玉在其板屋亂我心曲西戎板屋○四牡孔阜六轡在手騏駵是中騧驪是驂黃馬黑喙曰騧龍盾之合鋈以觼軜龍盾畫龍其盾也合合而載之軜驂內轡也言念君子溫其在邑在敵邑也方何為期胡然我念之○俴駟孔羣厹矛鋈

錞。蒙伐有苑。俴駟。四介馬也。孔、甚也。厹、三隅矛也。錞、鐏也。蒙、討羽也。伐、中干也。苑、文貌。虎韔鏤膺。交韔二弓。竹閉緄縢。虎、虎皮也。韔、弓室也。膺、馬帶也。交韔、交二弓於韔中也。閉、紲。緄、繩。縢、約也。言念君子。載寢載興。厭厭良人。秩秩德音。厭厭、安靜也。秩秩、有知也。

小戎三章章十句。

案。小戎、對元戎而名焉。元、大也。六月云。元戎十乘。是也。蓋小戎便利馳突攻擊。故秦人兵車用之。其制淺收。考工記云。軫方以象地。軫即車箱是也。所以收斂所載。故名收焉。大車之軫。深八尺。小戎之軫。深四尺四寸。是比大車之軫爲淺。故曰俴收。五楘。五處束之。蓋輈上之飾也。五分輈之穹。每處以皮革束之。因以爲飾。歷錄然有文章也。輈者轅也。其制從後軫至前軫。稍曲。而上以便服馬之進退。至衡則駕于衡之上。而向下鉤之。衡、轅端橫木也。當服馬項上有缺處。以扼馬頸。亦謂之軛。居於輈下。上而輈形穹隆。上曲如屋之梁。故謂之梁輈。游環以皮爲環以貫靷當兩服馬之背上。游移前却無常處引兩驂馬之外轡。貫其中而執之所以制驂馬使不得外出也。脅驅亦以皮條上繫於衡後繫於軫當服馬之外脅。所以驅驂馬使不得內入也。劉熙云陰陰也揜軓者。以板橫側車前以陰映車軓故謂之陰軓在軾前也。靷以皮二條。前繫驂馬之頸後繫陰板之上孔穎達云。車衡之長唯六尺六寸止容二服馬而已驂馬不當於衡故別爲二靷以引車也。鋈消白金沃灌靷環以爲飾也。續續靷端也。陰板之上有續靷處文茵車中所坐虎皮蓐也。轂者。車輪之中外持輪內受軸者也。騏傳云騏文也。據疏則騏文當作綦文。疏云色之青黑者名爲綦馬名爲騏知其色作綦文言我也心曲心之委曲也。夫車戰之制中國制犬戎之長技也文王之時用此征昆夷玁狁。采薇出車。是已再用於宣王六月采芑是已。至幽平而此制廢壞矣。故犬戎得肆焉。西戎者。秦之臣子所與不共戴天之讎也。襄公始修車戰之制。上以承天子之命下以洩君父之憤故從役者矜其車甲之盛如此而其婦人則比閔其君子而曰我念君子其性行溫其如玉今也遠在西戎板屋之中使我思之亂心曲而已無復怨曠矣蓋是役也中國外夷興廢所關夫子錄之以彰其義亦以存其制云。二章四牡、謂駟馬皆壯也。六轡在手。義與駟鐵同。中中服也。驂兩騑也。車駕四馬。在內兩馬謂之服。在外兩馬謂之騑。夫馬有上駟中駟下駟之殊。而馬性又有宜中宜驂之別。騏騮是中。騧驪是驂。言馬各得其宜也。盾干也。合而載之以為車蔽也。盾狹車廣。一盾不足以衛。故合而載之。與二矛不同矣。觼環之有舌者。其形象玦。故通作觖。觼在軾前繫軜。故曰觼軜。亦消白金為飾也。四馬八轡而言六轡者為此故也。方將也。然如是之辭。言將以何時為歸期乎。何如是使我念之也。卒章俴駟。謂四馬皆被淺薄之金甲也。羣和調也。物不和則不得羣聚矣。錞矛之下端也。平底曰錞。銳底曰鐏。亦消白金飾之。夫金天下之至采也。合于乘之矛而鋈之。合于乘之劑續觼軜而鋈之。其光四射。正與劍匠相亂。觀者未有不辟易者也。兵法有憾之以虛者。此類是已。蒙伐、畫雜羽之文于伐也。苑然有文章。鏤膺、馬帶有刻金飾也。交二弓於韔中。謂顛倒安置之必二弓以備壞也竹閉弓檠也一名柲以竹爲之弓體欲正故必以竹爲閉象弓之形弛則納之閉衆用緄約之以備損傷而後入于韔兵家之制一器而工聚焉者車之外弓馬惟多弓之動自威也韔以虎而其靜亦威也斐色不章則其馬亦若頹爾而萎也膺以金鏤之則其馬亦若撥爾而怒也有此弓馬且馳且射取人于百步之外矣雖然弓固易折之物也必多爲之備而後可無虞矣弓又易撓之物也必善爲之藏而後可得其用矣載之言則也德音聲譽也此閔其君子寢起之勞也徐玄扈云晁錯有言器械不利以其卒予敵也兵不完利與空手同甲不堅密與袒裼同弩不可以及遠與短兵同射不能中與無矢同中不能入與無鏃同此將不省兵之禍也五不當一秦襄始國介在戎表而能修其甲兵致其果毅一時車馬強盛器械銳利赫然有戰必勝攻必取之勢且其制度工巧處置精密如此秦之尚武習戰所由來漸矣世修其業雖六國之強竟以詘焉至於始皇承累世之烈終幷天下豈偶也哉

蒹葭刺襄公也未能用周禮將無以固其國焉

蒹葭蒼蒼白露爲霜興也蒹薕葭蘆也蒼蒼盛也白露凝戾爲霜然後歲事成興國家待禮然後興所謂伊人在水一方伊維也一方難至矣遡洄從之道阻且長逆流而上曰遡洄逆禮則莫能以至也遡游從之宛在水中央順流而涉曰遡游順禮求濟道來迎之○蒹葭萋萋白露未晞萋萋猶蒼蒼也晞乾也所謂伊人在水之湄湄水隒也遡洄從之道阻且躋躋升也遡游從之宛在水中坻坻小渚也○蒹葭采采白露未已采采猶萋萋也未已猶未止也所謂伊人在水之涘涘涯也遡洄從之道阻且右右出其右也遡游從之宛在水中沚小渚曰沚

蒹葭三章章八句。

案。蒹葭之未秀者。江東呼爲蒹。即今之荻。葭葦之未秀者。即今之蘆。一方。一邊也。宛坐見貌。蒹葭雖蒼蒼未堅實。喩襄公新爲諸侯。國未固也。白露爲霜。然後歲事成以興國家待禮。然後興也。所謂伊人。設稱耳。亦暗指昔日君子。以寄興焉。蓋周地之民。被先王禮教久矣。一旦襄公有其地。秦人慘礉之法。自立國之初而然。則感今思昔。人之情也。言有人于此。在水一方。是難至矣。欲從之而遡洄。則道阻且長。終莫能以至也。遡游從之。則宛然道來迎之。言易也。此喩治國惟以厲法威力。則如遡洄而上。順禮治之。則其國易固也。二章鄭玄云。未晞未爲霜。躋者。言其難至。如升阪。卒章。右者。言不能得正路也。秦自車鄰駟鐵而後。車馬弧矢之用。申於天下矣。於是以攻戰爲事。刑殺爲威。先王禮樂之鄉。遽爲變改矣。而文武成康之澤。維係民心。民愁戹懦。處東望河洛。有游從宛在之思。西視秦邦。有艱難牽率之苦。此詩之所以作也。而蒹葭蒼蒼。白露爲霜。實見秦氏滅于一世之

兆焉

終南戒襄公也能取周地始爲諸侯受顯服大夫美之故作是詩以戒勸之

終南何有有條有梅興也終南周之名山中南也條槄梅柟也宜以戒不宜也君子至止錦衣狐裘錦衣采服也狐裘朝廷之服顏如渥丹其君也哉○終南何有有紀有堂紀基也堂畢道平如堂也君子至止黻衣繡裳黑與青謂之黻五色備謂之繡佩玉將將壽考不忘

終南二章章六句

案九州之險終南居一焉其地據天之中在都之南附都豐鎬面對終南下至封襄公爲諸侯以岐西之地賜

之。及秦有之。而終南爲秦鎮也。故取以興焉。君子謂襄公也。止語助辭。鄭玄云至止者受命服於天子而來也。玉藻云。君衣狐白裘。錦衣以裼之。渥厚漬也。終南何所有。有條焉。有梅焉。以喩盛德之君宜有顯服也。夫山不高大則不宜有茂木也。人君無盛德則不宜有顯服矣。是宜以戒不宜也。襄公自王朝受得錦衣狐裘而歸顏色如渥丹。儀貌尊嚴其得人君之度也哉。韓嬰云上之人。所遇色爲先聲音次之事行爲後故望而宜爲人君者容也。近而可信者色也發而中者言也文而可觀者行也。故君子容色天下儀象而望之。故觀顏如渥丹而曰其君也哉。秦大夫稱其君曰其君也哉即雖戒勸之言其矜心隱隱於言外。周書則曰孺子王矣其懼心亦隱隱於言外。敬肆之際氣象自見焉　李樗　紀謂山基也。堂山道寬平處。名之曰畢紀也堂也亦南大之山所宜有也。佩玉將將。見非復三命茲所之舊矣。詩考不忘。既宜以戒不宜。而勸德稱其服。能保其位長久安寧也。危言云。世儒多咎周平王不宜以岐周之地予秦。宜自取之。竊謂不然。夫犬戎之力足以弑幽王取宗周則亦非一二諸侯之所能制也且召犬戎者申侯也立平王者申侯也平王能背申侯以令諸侯乎申侯能率諸侯以攻犬戎乎惟犬戎於秦爲世讐而其地相近故不得不賜之岐西而與之誓曰能逐犬戎卽有其地是藉手于秦以報其讐而償利於秦以動其心地之與秦猶愈于犬戎平王此舉未甚失也

黃鳥哀三良也國人刺穆公以人從死而作是詩也

交交黃鳥止于棘興也交交小貌黃鳥以時往來得所人以壽命終亦得其所誰從穆公子車奄息子車氏奄息名維此奄息百夫之特乃特百夫之德臨其穴惴惴其慄惴惴懼也彼蒼者天殲我良人殲盡良善也如可贖兮人百其身○交交黃鳥止于桑誰從穆公子車仲行維此仲行百夫之防防比也臨其穴惴惴其慄彼蒼者天殲我良人

如可贖兮人百其身○交交黃鳥止于楚誰從穆公子車鍼虎維此鍼虎百夫之禦（禦當也）臨其穴惴惴其慄彼蒼者天殲我良人如可贖兮人百其身

黃鳥三章章十二句

案棘木名墓上或有棘因所見以寄興焉百夫之特謂兼百夫之德也穆公以三子為殉國人哀之作是詩言黃鳥之止于棘得其所也以興人以壽命終亦得其所也三子從穆公是不得其所矣嗟乎維此奄息乃特百夫之德國人臨其壙穴之上既哀善人之云亡亦慮邦國之殄瘁惴惴其慄乃仰天愬之曰何殲我善人耶如可以他人贖之則欲以百人之身代其一人惜良之甚論者謂穆公不忍殺敗軍之三大夫何乃忍殲無辜之三良乎即有顧命亦有治亂則責專在康公況未必其遺命乎愚謂不然秦染西戎惡俗輕生好殺以人從死

居其上而莫能革以終其世其罪將何歸焉秦之賢君無出穆右穆而且然康公豈足道哉左傳曰秦穆之不盟主也宜哉無法以貽後嗣而又收其良以死難以在上矣此所以刺穆公也又死非爲社稷則三良亦不能無辠而謂之百夫之特謂之百夫之防禦即是秦人之風尚耳後儒乃引皐陶周公之爲臣而辯非百夫之特越哉至云迫而生納之壙中可謂厚誣已

晨風刺康公也忘穆公之業始棄其賢臣焉

鴥彼晨風鬱彼北林 興也鴥疾飛貌晨風鸇也鬱積也北林林名也先君招賢人賢人往之鴥疾如晨風之飛入北林 未見君子憂心欽欽 思望之心中欽欽然 如何如何忘我實多 今則忘之矣 ○山有苞櫟隰有六駮 櫟木也駮如馬倨牙食虎豹 未見君子憂心靡樂如何如何忘我實多○山有苞棣隰有

樹檖。棣唐棣也 檖赤羅也 未見君子憂心如醉如何如何忘我實多。

晨風三章章六句。

案。欽欽憂而不安之貌言先君穆公急於招賢故賢者往之如晨風之馭然入北林其未見賢者也憂心欽欽惟恐不見康公忘先君之業棄其賢臣乃以穆公之意責康公云汝如何忘我業實多也【二章】苞言叢六言數王肅云據所見而言也山之櫟隰之駮皆言得其所以興穆公之朝賢者皆得其位也陸璣云駮馬梓楡也其樹皮青白駮犖遙視似駮馬故謂之駮馬下章云苞棣樹檖皆山隰之木相配不宜云獸此說得之傳爲獸非羅願亦云夫鳥獸草木之類特爲難窮其形之相似者雜山澤之人朝夕從事有不能別其名之相亂者雖博物君子習于風雅有不能周先儒訓駮而爲獸去本遠矣【卒章】如醉不安之甚也漢儒以反經合道爲權可乎道安有反經者也哉後儒襲其說者說此詩云凡木之華皆先合而後開惟棣華先開而後合苞棣以況可與

權之臣樹樾以況可與立之臣可與權者在上可與立者在下穆公之業也可謂穿鑿附會已作者胸中何有此伎倆耶

無衣刺用兵也秦人刺其君好攻戰亟用兵而不與民同欲焉

豈曰無衣與子同袍興也袍襺也上與百姓同欲則百姓樂致其死王于興師修我戈矛與子同仇戈長六尺六寸矛長二丈天下有道則禮樂征伐自天子出仇匹也○豈曰無衣與子同澤澤潤澤也王于興師修我矛戟與子偕作作起也○豈曰無衣與子同裳王于興師修我甲兵與子偕行行往也

無衣三章章五句

案岐豐之民本有其衣敝之而無憾之氣象故以同袍興焉以首二句興下三句也子者相友者相稱也下子謂其君也人相友者相謂云豈曰無衣乎與子同袍以興上與百姓同欲則百姓樂致死于君也故王于是興師則修我戈矛從子與子同仇矣今君好攻戰亟用兵而不與民同欲故以此刺之傳引天下有道則禮樂征伐自天子出古者諸侯無自興兵興兵必于命若從王也及周之衰諸侯各自相攻伐岐豐是時岐豐已屬秦矣故詩繫之秦然先王之澤最洽于岐豐故雖一時歌謠猶稱王于興師民心知有王焉夷考黍離以下十餘國之風無一言及王者言王者獨是一詩耳地雖屬秦乎猶足以觀周民之遺風哉 二章 澤裏衣也以其親膚潤澤于汙垢故謂之澤

渭陽康公念母也康公之母晉獻公之女文公遺麗

姬之難未反而秦姬卒穆公納文公康公時爲大子贈送文公于渭之陽念母之不見也我見舅氏如母存焉及其卽位思而作是詩也

我送舅氏曰至渭陽母之昆弟曰舅何以贈之路車乘黃贈送也乘黃四馬也○我送舅氏悠悠我思何以贈之瓊瑰玉佩瓊瑰石而次玉

渭陽二章章四句

案渭水名水北曰陽諸侯之車曰路車乘黃四馬皆黃也康公之母嘗欲使文公反國亡幾卒康公見舅得反國因憶母宿心故送舅念母也康公贈文公以諸侯之儀所以鄭重此行而假以定晉也非徒資其行而已郤忠亂云重耳之君晉雖天數也實秦之力是賴于因是而有感於晉負秦也是歲渭陽返國適入于蒙辱兩國

同心交奬王室未爲非策顧卻秦師於河上而專掠勤王之美由既在晉矣城濮之役秦小子憖克成厥功翼成晉霸惟是函陵汜南偕圍鄭而秦竊與鄭盟誠爲欺晉然亦適酬辭師之故智耳超乘三百雖秦之以貪勤民曾何讎於晉猥云天奉我襲而敗諸殽其遂忘秦施乎其後康公之納公子雍猶穆公之納重耳且晉志也乃不以賓勞而以寇禦如曰社稷有主不外求君則何不定計於先乎抑豈不可以穆嬴之情告而潛師夜起何爲者大氐秦每樹德晉每樹怨以致迭相攻擊自彭衙迄於械林兵連不解由晉世無渭陽情也向令同好棄惡修舊德以追念前勳晉既不失一彌援而亦何至不競於楚哉按序云及其即位思而作是詩也孔穎達以即位爲康公即位夫康公即位文公卒已七年矣相去甚遠何以及於昔年送舅之事孔說誤也何楷云詳味序意正謂重耳反國即位而康公思之耳如此則與列女傳所記猶相彷彿此說得之

權輿刺康公也忘先君之舊臣與賢者有始而無終

也

於我乎夏屋渠渠夏大也今也每食無餘于嗟乎不承權輿

承繼也權輿始也○於我乎每食四簋四簋黍稷稻粱今也每食不飽于

嗟乎不承權輿

權輿二章章五句

案渠渠宮室深廣貌言始於我乎處之以夏屋渠渠優禮至矣今也供億疏薄每食無餘于嗟乎康公不繼其始二章內方外圓曰簋盛黍稷稻粱之器四簋禮食之盛也不飽又甚於無餘夫無餘不飽簡褻極矣微徘徊于嗟而咏權輿是似歌彈鋏而冀望也視夫穆生見幾於楚戊不亦遠乎楊雄曰秦七自賤良然矣哉

秦國十篇二十七章百八十一句

陳宛丘詁訓傳第十二

宛丘刺幽公也淫荒昏亂游蕩無度焉

子之湯兮宛丘之上兮（子大夫也湯蕩也四方高中央下曰宛丘）洵有情兮而無望兮（洵信也）○坎其擊鼓宛丘之下（坎坎擊鼓聲）無冬無夏値其鷺羽（値持也鷺鳥之羽可以爲翳）○坎其擊缶宛丘之道（盎謂之缶）無冬無夏値其鷺翿（翿翳也）

宛丘三章章四句

案陳國在豫州之東西望外方東不及孟諸無名山大川非有河流所泄則其游蕩非復水上之氣之爲之也其化專在於君舉大夫之游蕩是所以刺幽公也言大夫之游蕩於宛丘者雖信有情思而可樂無威儀可觀

望也夫上者民之望也宛丘者陳國之勝地也自君大夫游蕩于斯民之成俗可以知已一章古者春秋教以禮樂冬夏教以詩書今無祁寒大暑値鷺羽以舞是游蕩無度也

東門之枌疾亂也幽公淫荒風化之所行男女棄其舊業亟會於道路歌舞於市井爾

東門之枌宛丘之栩枌白楡也栩杼也國之交會男女之所聚子仲之子○婆娑其下子仲陳大夫氏婆娑舞也○穀旦于差南方之原穀善也原大夫氏不績其麻市也婆娑○穀旦于逝越以鬷邁逝往鬷數邁行也視爾如荍貽我握椒荍芘芣也椒芬香也

東門之枌三章章四句

案枌栩皆木名陳都于宛丘之側其詩屢言東門東門與宛丘之閒乃國之交會男女之所聚也而二木有焉子仲氏之子婆娑于其下夫子仲之子貴族也貴族而如此則庶人可以知已**二章**善旦謂無陰雲風雨也于於差擇也言以良辰撰勝地乃會於南方南方原氏之女不績其麻往而從之俱婆娑于市井**卒章**越亦於也鬷謂麻縷也女或挾麻縷而行相慕說曰我視爾顏色美如芘芣華女乃遺我一握椒以交情好也書云湯制官刑儆于有位曰敢有恒舞于宮酣歌于室時謂巫風夫于宮于室且不可況于門于丘于市乎至于視爾如荍貽我握椒則環弁褋沓握手無罰目眙不禁淫風極矣朱熹以子仲之子爲女子而不績其麻者以鬷邁者之爲女子固也則三章無復男子矣於貽我握椒忽設一男子詩人措辭不若是偏矣

衡門誘僖公也愿而無立志故作是詩以誘掖其君也

衡門之下可以棲遲衡門衡木爲門言淺陋也棲遲遊息也泌之洋洋可以樂飢泌泉水也洋洋廣大也樂飢可以樂道忘飢○豈其食魚必河之魴豈其取妻必齊之姜○豈其食魚必河之鯉豈其取妻必宋之子○

衡門三章章四句○

案謚法小心畏忌曰僖公得此謚則其愿慤而無立志可以見已然不放恣則可以勉進于善故惜其懦而無志作是詩以誘掖之衡古文橫字言志立則衡門之下可以遊息泌水之流可以樂道忘飢以喩雖最爾國立則可以有爲也二章魴魚之美者也里語云洛鯉伊魴貴于牛羊是已食魚何必河之魴然後可食娶妻何必齊之姜然後可娶以喩不必大國而後可以有爲也書云弗慮胡獲弗爲胡成又云功虧一簣孔子曰止吾

比也皆言其在志也夫騏驥之局躅不若駑馬之安步孟賁之狐疑不若庸夫之必致也卽力雖有餘乎志不立何以能成哉

卒章子宋姓也

東門之池刺時也疾其君之淫昏而思賢女以配君子也

東門之池可以漚麻興也池城池也漚柔也彼美淑姬可與晤歌晤遇也○東門之池可以漚紵彼美淑姬可與晤語○東門之池可以漚菅彼美淑姬可與晤言言道也

東門之池三章章四句

案漚本久漬之義也漬久則柔韌故傳以爲柔彼美淑姬謂賢女也此上二句以興下二句也東門之池可以

漚麻喻彼美賢女君配之可以成德也夫漚麻漚苧漚菅皆女工所有事也周南稱后妃之本不過爲絺綌而風述先公之化致詳於桑麻觀魯語敬姜所云王后且親織玄紞夫人內子命婦皆莫不親績故詩人思賢女詠麻苧爲之故也亦以規夫不績其麻之俗云

東門之楊刺時也昏姻失時男女多違親迎女猶有不至者也

東門之楊其葉牂牂興也牂牂然盛貌言男女失時不逮秋冬昏以爲期明星煌煌期而不至也○東門之楊其葉肺肺肺肺猶牂牂也昏以爲期明星晳晳晳晳猶煌煌也

東門之楊二章章四句

案楊葉牂牂謂春夏時也明星啓明也煌煌大明貌言楊葉方牂牂是非昏姻之時矣親迎之禮昏以為期至明星煌煌猶未至則非啻失時也輕許輕悔淫風情態可以想已朱熹以為男女負約之詞鄒忠胤云夫郊外林閒幽期密約豈其不與人知而反誦言以處之乎是非情也

墓門刺陳佗也陳佗無良師傅以至於不義惡加於萬民焉

墓門有棘斧以斯之興也墓門墓道之門斯析也幽閒希行用生此棘薪維斧可以開析之夫也不良國人知之夫傅相也知而不已誰昔然矣昔久也

墓門有梅有鴞萃止梅枏也鴞惡聲之鳥也萃集也夫也不良歌以訊之訊告也訊予不顧顛倒思予

墓門二章章六句

案陳佗文公之子桓公鮑之弟也桓公疾病佗殺其太子免而代之史記以佗為厲公謬也春秋桓六年蔡人殺陳佗十二年陳侯躍卒躍即厲公也可以徵矣已與論語三已之之已同謂黜之也誰猶伊也發語辭爾雅云誰昔昔也是誰字無意義也言墓道幽閒希人行則生此棘薪維斧可以開析之以喻人無良師友則至於不義當求良師友以訓道之也今佗傅相實不良也國人之所皆知也知而不黜伊久之然矣則非朝夕之故繇來漸矣此所以至於不義也卒章鄭玄云歌謂作此詩也顛倒狠狽之狀按觀左傳陳佗勸陳侯許鄭成而曰親仁善鄰國之寶也則蓋非生昏愚者矣故以墓門之梅興焉夫梅本非惡木鴞萃之而後惡以喻佗之之不義本因傅相之不良也夫也不良歌此以告之而不予顧至于破滅顛倒乃思予之言不亦晚乎向令佗有良師傅以道之何至篡弑以自取誅絕之罪序云無良師傅推本之詞也朱熹謂此詩不知何所指且云序因

陳國無事可紀獨陳佗作亂故以此詩與之申都鄙旂之云夫事孰有大于弑君者陳之有佗猶衞之有州吁鄭之有叔段皆國家大故采風而無刺矣實爲風故陳風墓門猶衞之終風鄭之叔于田也

防有鵲巢憂讒賊也宣公多信讒君子憂懼焉

防有鵲巢卬有旨苕興也防邑也卬我也苕草也誰侜予美心焉忉忉侜張（　）誑也中唐有甓卬有旨鷊中中庭也唐堂塗也甓瓴甋也鷊綬草也誰侜予美心焉惕惕惕惕猶忉忉也

防有鵲巢二章章四句。

案防邑名旨美也陸璣云苕苕饒也蔓生莖如勞豆而細葉似蒺藜而青其莖葉綠色可生食如小豆藿也予美謂宣公也古人多目君曰美人忉忉憂貌歐陽修云讒言惑人非一言一日之致必繇積累而成如鵲巢漸

積以構成之。又如苕饒蔓引牽連以及我也。以旨鷊之益喻甘言誘引也。讒邪害公正。浮雲翳白日。自古然矣。誰侜歟我所美人乎。使我心忉忉然憂。既爲人所侜而猶呼之曰予美。忠愛之至也。卒章 陸璣云。鷊草五色作綬文。故曰綬草。中唐有甓。非一甓也。亦以引牽而成綬草襍五色以成文。猶多言交織以成惑也。皆喻讒言非一日之致也。朱熹云。此男女之有私而憂或間之之詞。則未知所謂予美者。男稱女乎。女稱男乎。郝敬駁之云。以予美爲男子。則簡兮爲怨女矣。以予美爲婦人。則離騷爲曠夫矣。晦翁其將以何解嘲。

月出。刺好色也。在位不好德而說美色焉。

月出皎兮 興也。皎月光也。 佼人僚兮 僚好貌。 舒窈糾兮 舒遲也。窈糾舒之姿也。 勞心悄兮 悄憂也。

○月出皓兮佼人懰兮舒懮受兮勞心慅兮

○月出照兮佼人燎兮舒夭紹兮勞心慘兮

月出三章章四句

案。佼一作姣。方言云。關東河濟之閒。凡好謂之姣。佼人美人也。古人以纖月喩於美人之眉。月出皓兮。冏有似婦人美色之白皙。夫臨風亦佇想。停雲亦送日。聽雨亦悰懷。獨未有如月下之甚者也。故以月出皓兮與焉。彼美人之僚兮。行步舒遲。姿容窈糾。陳之在位。見而悅之。思而不得。則勞心悄悄。夫好惡不並於心。旣好色則不復好德矣。孔子毋以德與色取喩。序云。不好德。詩其心也。見佼人窈糾而勞心悄悄。不與柏舟北門之憂同矣。

二章 懰猶僚也。懮受猶窈糾也。慅憂也。

卒章 燎明也。夭紹舒緩貌。慘猶悄也。

株林。刺靈公也。淫乎夏姬。驅馳而往。朝夕不休息焉。

胡爲乎株林。從夏南。株林夏氏邑也。夏南夏徵舒也。匪適株林。從夏南。

駕我乘馬。說于株野。乘我乘駒。朝食于株。大夫乘駒。

株林一章章四句

案左傳云靈公與孔寧儀行父通於夏姬夏姬者陳大夫御叔妻夏徵舒之母鄭女也株邑名邑外曰郊郊外曰牧牧外曰野野外曰林蓋至於林皆夏氏邑也故傳以株林爲夏氏邑詩中曰株林又曰株野又曰株可以見已徵舒祖字子夏故爲夏氏徵舒字子南以氏配字謂之夏南淫乎夏姬而以從其子言之詩人之忠厚也設爲國人問云胡爲乎適株林從夏南乎又設爲之隱云匪適株林從夏南自之他耳此與鄘柏舟首章末句同句法。二章具車馬曰駕車脱馬曰説馬六尺以下曰駒此亦設答上章云爾謂匪適株林從夏南然無我乘馬説于株野矣乘我乘駒朝食于林矣雖欲爲之隱不可得也依違其辭而致譏者切矣此詩并刺孔儀故傳云大夫乘駒序止云刺靈公者歸重於君也戴記云諸侯非問疾弔喪而入諸臣之家是謂君臣爲謔株林之從謔已甚矣周語單襄公曰先王之令有之天道賞善而罰淫凡我造國無從非彝無即慆淫各守爾典以承八佾，今陳侯不念亂續之常，棄其伉儷妃嬪，而帥其卿佐以淫於夏氏，不瀆姓矣乎。按徵舒之父，卽陳公子夏之子，於靈公爲從祖父，媯姓也，而靈公淫其妻，故帥朝以爲瀆姓。嗟乎，靈之不道至是哉。夫夏姬眞人妖也，小傳稱其肌皮三少，是天鍾美於是，將必以是大有敗也。陳靈君臣棄冠冕而南冠以如夏氏，且衷其衵服以戲于朝，又飲于夏氏，交戲徵舒之似，於是四維蕩然矣，遂身隕國亾，不亦宜乎。朱善云，衞之亂至于牆有茨而極，于是有狄入衞之禍；陳之亂至于株林而極，于是有楚人入陳之禍，此之謂女戎，比事以觀，可爲淫亂者之戒矣。

澤陂，刺時也。言靈公君臣淫於其國，男女相說，憂思感傷焉。

彼澤之陂，有蒲與荷。興也。陂，澤障也。荷，芙蕖也。有美一人，傷如之何。傷，無禮也。寤寐無爲，涕泗滂沱。自目曰涕，自鼻曰泗。○彼澤之陂，有蒲與蕑。

蕑蘭也有美一人碩大且卷卷好貌寤寐無爲中心悁悁悁悁猶悒悒也○彼澤之陂有蒲菡萏菡萏荷華也有美一人碩大且儼儼矜莊貌寤寐無爲輾轉伏枕

澤陂三章章六句

案靈公君臣淫于其國國人效之男女相說君子悲其無禮憂思感傷焉澤水之鍾也蒲柔滑之物蓋以喻夏姬故每章不易淫于夏姬者一君二卿故每章變曰荷曰蕑曰菡萏美一人謂君子也寤覺也大澤之陂障所以防水淫溢也坊記云君子之道辟則坊與君民者道之以禮如澤陂之防水也大爲之坊民猶踰之今陳君臣宣淫于國故特以澤陂有蒲荷與焉君子見其淫亂傷之無如之何惟寤寐無爲涕泗滂沱耳**二章**碩大且卷道君子之威儀也夫人情憂思而無爲則涕泗交頤漸且涕泗俱盡惟中心悁悁耳**卒章**輾轉伏枕臥而不

寐也。悁悁久之。思想昏疲。則輾轉伏枕而已。呂祖謙云。變風至於澤陂。百二十餘篇。而男女夫婦之詩四十有九。抑何多耶。夫男女者。三綱之本。萬事之先也。正風之所以爲正者。舉其正者以勸之也。變風之所以爲變者。舉其不正者以戒之也。道之升降。時之治亂。俗之汚隆。民之死生。於是乎在。大氐宋儒論詩。如此而已。愚謂詩之爲教。不過達於人情世態。世運事變而已矣。君子不達於人情世態。不能爲政。其言道之升降。時之治亂。俗之汚隆。於是乎在。固則是已。至云舉其正者以勸之。舉其不正者以戒之。則吾恐其勸百以戒一也。聖人之取詩。不若是迂矣。

陳國十篇。二十六章百二十四句。

毛詩補義卷四終

毛詩補義卷五

漢　趙人　毛公　傳

日本　西播　岡白駒補義

檜羔裘詁訓傳第十三

羔裘大夫以道去其君也國小而迫君不用道好絜其衣服逍遥遊燕而不能自強於政治故作是詩也

羔裘逍遥狐裘以朝（羔裘以遊燕狐裘以適朝）豈不爾思勞心忉忉（國無政令使我心勞）○羔裘翱翔狐裘在堂（堂公堂也）豈不爾思我心憂傷○羔裘如膏日出有曜（日出照曜然後見其如膏）豈不爾思中心是悼（悼動也）

羔裘三章章四句

案。狐裘有白有青有黃。玉藻云君衣狐白裘錦衣以裼之。序云好絜衣服則此狐白裘也。鄒忠胤云少儀曰衣服在躬而不知其名為罔。蓋羔裘法服也狐裘燕服也羔裘何以為法服。春秋繁露曰羔有角而不用如好仁者。執之不鳴殺之不號類死義者。乳必跪而受類知禮者。故羊之為言猶祥也。君純羔而臣以豹飾在朝皆得服之。狐裘何以為燕服。埤雅云狐性好疑狢性好睡又皆藏獸不可以有為。故狐狢之厚以居。疑斯戒睡斯安取燕息之義。今遊燕也而以羔裘是法服為嬉遊之具矣。覜朝也。而以狐裘是臨御為褻媟之場矣。夫服體禮表德。檜君一切反其常則凡敗度敗禮。恣情顛倒何所不至。國無政令可以知矣。此人夫所以去也。夫忠臣之事君。三諫不從乃去之。其心豈舍君哉。蓋不得已也。故曰豈不爾思勞心忉忉。**二章**翱翔猶逍遙也。公堂聽政其禮如朝。**卒章**如膏言裘色潤澤而美也。不齊服反其常也。又好絜其衣服嚴粲云。凡人憂勞戒懼則不暇飾

其衣。爲惡衣。文王卑服、衞文公大布之衣是也
今檜君衣服鮮明如此。則志慮凡近可知矣

素冠。刺不能三年也。

庶見素冠兮。棘人欒欒兮。庶幸也。素冠練冠也。棘急也。欒欒瘠貌。勞心慱慱兮。慱慱憂勞也。○庶見素衣兮。素冠故素衣也。我心傷悲兮。聊與子同歸兮。願見有禮之人與之同歸。○庶見素韠兮。我心蘊結兮。聊與子如一兮。子夏三年之喪畢。見於夫子。援琴而絃。衎衎而樂作。而曰。先王制禮。不敢不及。夫子曰。君子也。閔子騫二年之喪畢。見於夫子。援琴而絃。切切而哀作。而曰。先王制禮。不敢過也。夫子曰。君子也。子路曰。敢問何謂也。夫子曰。子夏哀已盡。能引而致之於禮。故曰君子也。閔子騫哀未盡。能自割以禮。故曰君子也。夫三年之喪。賢者之所輕。不肖者之所勉。

素冠三章章三句

案庶見顧見之辭棘謂急於哀戚也戴記云顏色稱其
情戚容稱其服蓋所謂素冠棘人欒欒也夫創鉅者其
日久痛甚者其愈遲三年之喪稱情而立文所以爲至
痛極也斬衰苴杖倚廬食粥寢苫枕塊所以爲至痛飾
也將由夫邪淫之人與則彼朝死而夕忘之將由夫修
飾之君子與則三年之喪二十五月而畢若駟之過隙
然而遂之則是無窮也故先王爲之立中制節使足以
成文理則釋之矣此賢如閔子哀雖未盡不得不自割
而援琴衎衎者亦引而致之不敢不及也時人恩薄喪
禮不終賢者嗟傷之言安得見素冠棘人欒欒乎而今
無復有行此禮者此賢者所以憂勞也[二章]與子同歸
愛慕之辭也[卒章]韠所以蔽膝以韋爲之何楷云禮大
祥祭服朝服縞冠朝服之制緇帶素韠韠從裳色素韠
是大祥祭服之韠此章思見大祥之人也鄒忠胤云間
傳曰又期而大祥素縞麻衣是則素冠素韠特服於祥
祭之日祭訖則反服微凶之淡衣以寄其餘哀至間一

月而禪禪而纖斯無不佩矣詩人所願見謂其能舉禮祭者卑喪禮不終則未禪而服已除無論禪也此素者何從見之縞結思之不解也如一甚於同歸矣

隰有萇楚疾恣也國人疾其君之淫恣而思無情慾者也

隰有萇楚猗儺其枝興也萇楚銚弋也猗儺柔順也天之沃沃樂子之無知夭少也沃沃壯佼也◯隰有萇楚猗儺其華天之沃沃樂子之無家◯隰有萇楚猗儺其實天之沃沃樂子之無室

隰有萇楚三章章四句

案萇楚草名夭之沃沃謂檜君少壯也萇楚始生猶能自立然枝莖柔弱過於尺則引蔓於艸上顧不如初生

之自立以興檜君淫恣寧不如無知之將也且淫戲猥媟亦有似猗儺萇楚故引以爲喩夫人爲有生最靈誰則其眞然無知者且有心知即有情慾聞以未有室家爲苦不聞以無之爲樂也今檜之國人疾其君之淫恣言樂無知樂無室家甚言之也蓋言語之道本若是故語死亡之多則言靡有孑遺惡之之甚則言投畀豺虎孟子云信斯言也是周無遺民也實投豺虎是不仁之甚也先言枝次言華後言實乃立言之序也或疑其實之非猗儺是所謂以辭害志者乎

匪風思周道也國小政亂憂及禍難而思周道焉

匪風發兮匪車偈兮發發飄風非有道之風偈偈疾驅非有道之車顧瞻周道中心怛兮怛傷也下國之亂周道滅也○匪風飄兮匪車嘌兮迴風爲飄嘌嘌無節度也顧瞻周道中心弔兮弔傷也○誰能亨魚溉之釜鬵溉滌[illegible]

釜鬵。亨魚煩則碎。治民煩則散。知亨魚則知治民矣。**誰將西歸。懷之好音。**周道在乎西。懷歸也。

匪風三章章四句。

箋。發發飄疾貌。偈偈疾驅貌。廻首曰顧。周道謂周治民道也。禮樂刑政是已。韓嬰云。國無道則飄風厲疾暴雨折木。陰陽錯氣。夏寒冬溫。春熱秋榮。日月無光。星辰錯行。民多疾病。國多不祥。羣生不壽。而五穀不登。當成周之時。陰陽調。寒暑平。羣生遂。萬物寧。其風治。其樂連。其驅馬舒。其民依依。其行遲遲。其意好好。檜國政亂。發發飄風。非有道之風。偈偈疾驅。非有道之車。顧瞻彼周道今安在。中心爲之怛怛。卒章亨。亨同字。本進熟之義。故又借爲熟物之名。後人加火作烹。非古文也。檜在滎陽周都豐鎬。周在于西。故言西歸。鄭玄云。好音。謂周之舊政令。言誰能亨魚者乎。以喩能治國也。有則我願爲之漑其釜鬵。蓋欲助之伸一臂之力也。夫快事何必自己出。但使人效其能。而于我亦有勸矣。漑之釜鬵。亦願附能者之後也。誰將西歸者乎。謂輔周以復文武成康之業也。有則我願踶之以舊政令。蓋存王國、則猶可彈壓大國、而小國蒙休于時。周雖不競乎、檜猶思西歸、猶被扇可以遮風也。呂祖謙云。政出天子、則強不陵弱、各得其所。政出諸侯、則徵發之煩、侵伐之暴、惟小國偏受其害。所以顧瞻周道、爲獨切也。戰國時房喜謂韓王曰、大國惡有天子。而小國利之。以此詩驗之、其理益明。賈誼欲衆建諸侯而少其力。雖其言略而不精、亦可謂知治體矣。

檜國四篇十二章四十五句。

曹蜉蝣詁訓傳第十四

蜉蝣、刺奢也。昭公國小而迫、無法以自守、好奢而任小人、將無所依焉。

蜉蝣之羽、衣裳楚楚。興也。蜉蝣、渠略也。朝生夕死。猶有羽翼以自修飾。楚楚、鮮明貌。心之憂矣於我歸處。○蜉蝣之翼采采衣服采采衆多也心之憂矣於我歸息息止也。○蜉蝣掘閱麻衣如雪掘閱容閱也如雪言鮮明心之憂矣於我歸說。

蜉蝣三章章四句。

案。蜉蝣朝生夕死猶修飾其羽翼以喻昭公之不知死亡無日猶好奢衣裳楚楚也識者見之心之憂矣恐其將無所依焉其於我歸處乎蓋思有以警誨之耳朝菌不知晦朔蜉蝣不知明日古人以喻闇於識也若從而告戒之如井鼃而示海夏蟲而語氷其何能曉且衆方稱觴獻頌而忽有一人焉動色相戒亦覺不倫故欲其於我歸處即思絕衆咻從容開諭也表記云君子不以口譽人則民作忠故君子問人之寒則衣之問人之饑則食之稱人之善則爵之國風曰心之憂矣於我歸說此雖非正釋亦可參觀。李章孔穎達云此蟲土裏化生。

掘地而出形容鮮閲也故曰掘閲閲者悦懌之意麻衣深衣也鮮絜言如雪蓋亦取易消之義説舍息也

候人刺近小人也共公遠君子而好近小人焉

彼候人兮何戈與祋 候人道路送迎賓客者何揭祋殳也言賢者之官不過候人 彼其之子三百赤芾 彼彼曹朝也芾韠也一命緼芾黝珩再命赤芾黝珩三命赤芾葱珩大夫以上赤芾乘軒 ○維鵜在梁不濡其翼 鵜洿澤鳥也梁水中之梁鵜在梁可謂不濡其翼乎 彼其之子不稱其服 ○維鵜在梁不濡其咮 咮喙也 彼其之子不遂其媾 媾厚也 ○薈兮蔚兮南山朝隮 薈蔚雲興貌南山曹南山也隮升雲也 婉兮孌兮季女斯飢 婉少貌孌好貌季人之少子也女民之弱者

候人四章章四句

案。何荷何之子。指小人也芾。韍冕之服形制同於韠祭服謂之芾他服謂之韠故傳舉常服以釋之左傳稱晉文公入曹數之以其不用僖負羈而乘軒者三百人也賢者官不過候人。是遠君子也朝上三百人皆服赤芾小人寵幸可知已諸侯之制大夫五人以蕞爾曹國赤芾三百何其濫也晉文獻狀有何功勞易云負且乘致寇至負也者小人之事也乘也者君子之器也赤芾滿朝小人而乘君子之器其來辭詩宜哉**二章**梁魚梁也浸水爲關空承之以笱以捕魚者故傳以爲水中之梁鵜在梁可謂不濡其翼乎以興小人在朝必亂其政也小人赤芾不稱也夫**三章**遂猶稱也不遂其媾言不稱寵待之厚也**卒章**薈蔚族雲朝隮南山以喩羣小升朝也婉兮孌兮喩修飾君子也少子婦女民之最弱者也夫小人在上君子窮于下政令殺亂弱民斯必飢勢之所必至也

鳲鳩刺不壹也在位無君子用心之不壹也

鳲鳩在桑其子七兮。興也鳲鳩秸鞠也鳲鳩之養其子朝從上下莫從下上平均如一淑人君子其儀一兮其儀一兮心如結兮言執義一則用心固○鳲鳩在桑其子在梅飛在梅也淑人君子其帶伊絲其帶伊絲其弁伊騏騏騏文也弁皮弁也○鳲鳩在桑其子在棘淑人君子其儀不忒忒疑也其儀不忒正是四國正是也○鳲鳩在桑其子在榛淑人君子正是國人正是國人胡不萬年

鳲鳩四章章六句。

案此詩陳淑人君子之德以刺當時在位用心不一也淑善儀義也如結謂固也鳲鳩之養子也平均如。以興淑人君子執義如一也既如一則用心固矣夫不一則不固不固則不能守。無守何以有成。淮南子云實多

備則貧工多技則窮心之貴一豈獨君子也哉二章鳲鳩常在桑其子乃異木何也蘇轍云從其在梅則失其在棘從其在棘則失其在榛居一以俟之無不及者帶大帶也其帶伊絲其弁伊騏言有常度也此德之見於服者也三章四國四方之國也執義不疑德之成也足以正四國謂四方則之也曹公不禮于晉公子僖負羈諫之諄諄乎至矣實君子哉曹有君子而不能存其國何能正四國哉此詩爲刺詩可以見已卒章正是國人謂德化人也孔子曰其身正不令而行此之謂也成德君子言有物而行有格也是以生則不可奪志死則不可奪名命雖有數名胡不萬年

下泉思治也曹人疾其共公侵刻下民不得其所憂而思明王賢伯也

洌彼下泉浸彼苞稂興也洌寒也下泉泉下流也苞本也稂童梁非溉草得水而病也

愾

我寤歎念彼周京○洌彼下泉浸彼苞蕭蕭蒿也愾我寤嘆念彼京周○洌彼下泉浸彼苞著著草也愾我寤嘆念彼京師○芃芃黍苗陰雨膏之芃芃美貌四國有王郇伯勞之郇伯郇侯也諸侯有事二伯述職

下泉四章章四句

案愾嘆息之意周京謂周室之京師言泉本潤物然洌且下流浸彼稂根不得生育以喻共公君民侵刻下民不得其所也夫亂極則思治人情所必然也曹人之所以愾嘆而念成周盛時也孔子曰于下泉見亂世之思明君也此必東遷後詩也匪風下泉皆思周之詩也然匪風作于東遷之前其意尚覬周道之復興故欲歸之好音若下泉則作於齊桓之後不復有覬望之意直嘆息想慕而已嚴粲云曹共之時晉人霸業方盛襄王命之爲侯伯下泉顧思明王賢伯何耶曹固可罪而文於曹虐矣執其君分其田以私憾故將甘心焉僅以貨免

文寧能帖曹乎。下泉愾木瓜矣。二章周京京周京師皆一也。因異章變文耳。卒章膏澤也。四國，四方之國也。有王，謂上有明王也。郇伯，文王之子，爲州伯，有治諸侯之功。芃芃黍苗，陰雨膏之，以喻上有明王，則諸侯各奉職，膏澤流於下民也。四國方有明王時也。國有事則二伯述職，誰敢侵刻下民乎。此曹人之所以戀戀于明王賢伯也。

曹國四篇十五章六十八句

豳七月詁訓傳第十五

七月陳王業也。周公遭變，故陳后稷先公風化之所由致王業之艱難也。

七月流火，九月授衣。火，大火也。流，下也。九月霜始降。婦功成，可以授冬衣矣。一之日觱發二之日栗烈無衣無褐何以卒歲一之日十之餘也一之日周正月也觱發風寒也二之日殷正月也栗烈寒氣也三之日于耜四之日舉趾同我婦子饁彼南畝田畯至喜三之日夏正月也豳土晩寒于耜始修耒耜也四之日周四月也民無不舉足而耕矣饁饋也田畯田大夫也○七月流火九月授衣春日載陽有鳴倉庚女執懿筐遵彼微行爰求柔桑倉庚離黃也懿筐深筐也微行牆下徑也五畝之宅樹之以桑春日遲遲采蘩祁祁女心傷悲殆及公子同歸遲遲舒緩也蘩白蒿也所以生蠶祁祁衆多也傷悲感事苦也春女悲秋士悲感其物化也殆始及與也豳公子躬率其民同時出同時歸也○七月流火八月萑葦薍爲萑葭爲葦豫畜萑葦可以爲曲也蠶月條桑取彼斧斨以伐遠揚猗彼女桑斨方銎也遠枝遠也揚條

揚也角而束之曰猗女桑荑桑也七月鳴鵙八月載績載玄載黃我朱孔陽爲公子裳鵙伯勞也載績絲事畢而麻事起矣玄黑而有赤也朱深纁也陽明也祭服玄衣纁裳○四月秀葽五月鳴蜩八月其穫十月隕蘀不榮而實曰秀葽葽草也蜩螗也穫禾可穫也隕墜蘀落也一之日于貉取彼狐狸爲公子裘于貉謂取狐狸皮也狐貉之厚以居孟冬天子始裘二之日其同載纘武功言私其豵獻豜于公纘繼功事也豕一歲曰豵三歲曰豜大獸公之小獸私之○五月斯螽動股六月莎雞振羽七月在野八月在宇九月在戶十月蟋蟀入我牀下斯螽蚣蝑也莎雞羽成而振訊之穹窒熏鼠塞向墐戶穹窮窒塞也向北出牖也墐塗也庶人蓽戶嗟我婦子曰爲改歲入此室處○六月食鬱

及薁七月亨葵及菽八月剝棗十月穫稻爲此春酒以介眉壽鬱棣屬薁蘡薁也剝擊也春酒凍醪也眉壽豪眉也七月食瓜八月斷壺九月叔苴采荼薪樗食我農夫壺瓠也叔拾也苴麻子也樗惡木也〇九月築場圃春夏爲圃秋冬爲場十月納禾稼黍稷重穋禾麻菽麥後熟曰重先熟曰穋嗟我農夫我稼既同上入執宮功入爲上出爲下晝爾于茅宵爾索綯宵夜綯絞也亟其乘屋其始播百穀乘升也〇二之日鑿冰冲冲三之日納于凌陰四之日其蚤獻羔祭韭冰盛水腹則命取冰於山林冲冲鑿冰之意凌陰冰室也九月肅霜十月滌場朋酒斯饗曰殺羔羊肅縮也霜降而收縮萬物滌場功畢入也兩樽曰朋饗者鄉人以狗大夫加以羔羊躋彼公堂稱

彼兕觥萬壽無疆公堂學校也觥所以誓衆也疆竟也

七月八章章十一句

案季札觀樂爲之歌豳曰美哉樂而不淫其周公之東乎此居豳之首正謂此詩也周公遭變而陳先公之風何耶昔者公劉太王以事難之故居豳去豳皆能修后稷之業今以二叔之變出居於東亦其事有似因感思公劉太王居豳之職憂念民事至苦之功陳其致王業之艱難以比序己志蓋懼此王業之將壞也此詩言月者皆夏正也言日者周正也而皆以夏正爲斷於二之日曰何以卒歲可以見矣周人慮事有豫見火星流而慮冬衣其爲豫備可知七月流火九月授衣蓋自古有此語故仍言之續之而紀故曰一之日一者十之餘一之日猶云一月之日也褐毛布也織毛爲之衣以貴者言之褐以賤者言之于於也言七月火星西下暑退寒來之候也九月霜始降可以授冬衣矣　之日以後風氣日寒無衣無褐何以卒歲哉此備衣服於未寒也正

月則於是始修耒耜此備田器於先時也二月則民無不舉足而耕矣少壯既皆出而在田老者率我婦子饋彼南畝是人無遺力也田畯來至見其勤農樂業而喜之也此章前六句言衣後五句言食餘章廣而成之二章至五章終前六句之意六章至八章成後五句之意皆不外於衣食夫聖王之治敬天勤民而已苟不敬天則不事民事矣民者天之所以命我使治之者也故先王奉天治民其恤愛民無所不至而民之生本於衣食天下之務莫實於此矣四體不掩則安施禮義五臟空虛則何暇孝弟禮義之所以起孝弟之所以生教化之所以成要皆在於茲焉周家開八百年王業考其積基樹本非有殊尤絕迹也不過耕農桑麻而已是皆在於安民而本於敬天者也

二章　再言流火授衣者將言女紅之始故又本於此載之言則也陽溫遵循也柔桑穉桑也蠶之未出者鬻蘩沃之則易出故傳云所以生蠶也朱熹謂以蘩啖蠶非也公子謂豳公之女也諸侯之子凡男女皆稱公子按左傳云凡公女嫁于敵國姊妹則上卿送之公子則下卿送之于大國雖公子亦上卿

送之又公羊傳說築王姬之館云于羣公子之舍則已卑矣是諸侯女亦稱公子也傳云豳公子躬率其民民亦謂采蘩衆女也民者下賤之稱對豳公之女而言故曰民此章專言女功之事不得有男子若男女雜在於田野是與鄭衛淫俗奚擇傳兼言秋士悲帶說耳言倉庚鳴時蠶始生女乃執深筐循彼牆下徑徑求柔桑將養新生之蠶春日遲遲時方和采蘩者祁祁然衆矣此公子亦與衆女同時出而與于采蘩夫春則女悲物化所以感也況又感事苦不能無傷悲焉蓋言女子之態也於是衆女始與女公子同時歸以見豳國之風雖公之女猶不敢暇逸焉鄭玄謂女心傷悲始有欲嫁之志信如所言是以女子爲作嫁想豈豳風敦龐之俗哉孔穎達混毛鄭說可謂鹵莽已

三章　七月流火亦將言女紅自始至成故又本於此八月萑葦既成當豫畜而爲曲薄以備來歲治蠶之用此雖男子之事亦女紅之用也蠶月謂治蠶之月以月令參義考之正謂三月也此詩篇中獨缺三月即以此繫之條桑枝落之采其葉也績緝麻之名此公子亦謂女公子也言蠶月則采桑取

彼斧斨長條揚起手所不及乃枝落之女桑弱穉不枝落者乃猗取而束之是時蠶已長桑之大小取之無遺伯勞鳴時麻既熟可績之候也絲事畢而麻事起矣載績爲布凡此女紅之所成者皆染之或玄或黃以獻之君易稱黃帝堯舜垂衣裳蓋取諸乾坤乾爲天其色玄坤爲地其色黃是玄以爲衣黃以爲裳也而其朱色之鮮明者婦人女子尤愛之故特以獻爲公子裳又以爲君祭服之裳也以上二章終首章無衣之意**四章**葽草名鄭玄云物成自秀葽始傳云于貉謂取狐狸皮也取狐狸皮曰于貉猶修耒耜曰于耜也狐狸而獨舉貉何也狩所以習兵也貉師祭也立表以祭謂之表貉周人將獵則先祭貉故特舉貉言耳朱熹合狐狸貉爲一非也此公子謂豳公之子與第二章女公子不同蠶績者婦人之事也故我朱孔陽以獻公之女狩獵者男子之事也故取彼狐狸以獻公之子亦各從其類也其同君臣及民竭作以狩也唯田國人竭作故曰同四月秀葽物成之初五月鳴蜩收秋之漸也乃八月其穫禾矣十月木葉隕蘀將入寒之候也是時鳥獸氄毛乃一之日

於是始取狐貍皮以爲公子裘絲麻不足御冬亦以助女功二之日蝟作而狩非獨爲裘褐也即繼續武事使不忘戰也其所獲大獸則獻之公小獸則以自畀亦見下愛上之俗焉此章終首章無褐之意

五章

斯螽蝗類五月中以两股相切作聲莎雞絡緯也振羽以作聲七月在野以下蒙上文皆謂莎雞也唐詩絡緯秋啼金井闌是其鳴不止六月也何楷云舊說屬下文指蟋蟀特失文理周書云小暑之日温風至又五日而蟋蟀居壁易通卦驗亦云立秋蜻蛚鳴白露下蜻蛚上堂蜻蛚即蟋蟀也安覯七月在野乎宇屋霤也五畝之宅二畝半在邑而春夏曠焉故鼠能窟居庶人蓽戶以荆竹爲之能通風故冬則塗之穹塞墐戶文在十月之下則亦當以十月塞塗之矣嗟者憫憐之辭斯螽動股莎雞振羽言物候有漸也在野在宇在戶寒漸進而物漸依人也及於蟋蟀入我牀下則大寒將至矣於是窮窒室之孔穴熏鼠令出其窟塞北牖塗蓽戶以備被觱發栗烈乃告其婦子曰嗟我婦子卒歲其改矣天已寒事亦已當入此室處謂自田廬入邑中之居也憫憐之告我婦子

者果誰耶蓋謂老者也凡六七月老者或閒游原隰而見蟲之或股鳴者或羽鳴者遞呈于田野間也已爲力於野者驚心焉未幾而八月老者怯冷不能出宇矣而即見蟲之在宇物宇而人猶野乎未幾而九月老者寒不出戶矣而即見蟲之在戶物戶而人猶野乎又過一月則十月也老者畏寒懶下牀矣而忽聞蟋蟀之人我牀下也物深入而人猶堪露處乎此老者所以憫憐也徐先啟云豳民於衣食之奉必先老而後幼先貴而後賤獨於改歲入室則言老者之愛蓋互文見意各發義以著其忠孝仁義之風耳先儒以十月之下有改歲之句乃謂三正通乎民俗尚矣周特舉而迭用之耳朱熹亦謂周歷夏商其未有天下之時固用夏商之正朔然其國僻遠無純臣之義又自有私記其時月者故三正皆曾用也是謂周之先公私有紀候之法故云十月改歲然既以十月爲改歲則又何以於二之日云卒歲乎是其一篇之中自相矛盾而不可通矣何楷云改歲猶不正指十月此乃豫詩之詞玩本文語意自明蓋豫則改歲之候也故豫言之耳此章終首章卒歲之意

章 鬱薁皆菓名。葵菜名。菽豆也。棗亦菓名。須就木擊之。故曰剝。穫稻所以釀春酒也。古者以酒爲養老具。餘人不得飲。爲介助也。壺甘瓠也。枯者可爲壺。嫩者可供茹。八月斷其稍令勿復華實。所以堅其壺而大其茹也。孔穎達云。麻子九月初熟。拾取以供羹菜。其在田收穫者。納取以供常食也。茶苦菜也。此章至卒章皆言飲食燕樂之事。以終首章後段之意。言衣裘具矣。居室安矣。老者之養。不可以無酒也。農夫之食。不可以不蓄也。春夏食上歲之蓄。至於六月。果實始成。七月葵菽可食。八月棗成熟。夫鬱薁葵菽。未必其品之嘉。而在農家則誠爲嘉矣。而較諸瓜壺苴茶。則又以爲美矣。故以爲羞耆之具也。十月則穫稻釀酒。眉壽衰矣。所以養氣體以助之也。瓜瓠之畜。麻實之糝。乾茶之菜。惡木之薪。皆所以助養農夫之具也。豳之俗儉而豫備。儉則不乏。豫備則積漸。積漸而民足。民足君亦足矣。蓄民富而禮義可教。故雞畜於自奉。豐於養老。此則先公教化所使然也。

七章 場圃同地。物生之時。耕治之以種菜茹。至物盡成熟。築堅以爲場。以治穀也。納者。謂治于場而納之囷倉也。禾者穀連藁稭之總名。禾之秀實而在野曰稼。再言禾者。禾是大名。非徒黍稷重穋而已。其餘稻秫苽粱亦皆名禾。惟麻與菽麥。則無禾稱。故特於麻麥之上更言禾字。以總諸禾也。廣舉禾稼之類。以見其多也。不專是十月納之也。月令云。四月登麥。既同言已聚入。謂入在邑之宅也。自田野入都邑。故謂之上。宮功。謂公室官府之役。古者用民之力。歲不過三日是也。于茅。謂取茅草也。亦猶言于貉也。乘屋謂蓋屋也。播。播種也。言九月禾將熟矣。於是築場於圃。十月乃治禾稼。而納之囷倉。黍稷重穋諸禾麻菽麥。無不備焉。農事既畢。農夫自相告戒云。嗟我農夫。我稼已聚矣。野中無事。我當上入都邑以執公家之役。不待督責。而自相戒。見尊君親上之俗焉。晝則汝取茅。將蓋野廬。夜則汝絞索。將以縛屋。來歲將復始播百穀。恐其不暇於此矣。夫農事方終。而即為徹藏之計。晝取茅。夜絞索。未嘗頃刻不趨於農功也。君民者當必知農家作苦。莫善於是詩。實足為豳風之箴銘矣。**李**

章 言藏冰宴饗等事。以終言食之意。左傳云。古者日在北陸而藏冰。日在北陸。謂夏正十二月也。豳土寒多故正月藏氷,蓋從地氣宜也。藏氷所以備暑也。上章備寒此章備暑。后稷先公禮教備也。其蚤其蚤朝也。又云祭司寒而藏之,獻羔而啓之。其出之也,朝之祿位賓客喪祭於是乎用之。月令仲春天子乃獻羔開氷,先薦寢廟。韭,菜名。孔穎達云祭韭者,蓋以時韭新出,故薦之也。蘇轍云古者藏氷發氷以節陽氣之盛。夫陽氣之在天地譬如火之著於物也。故當有以解之。十二月陽氣蘊伏錮而未發,其盛在下,則納氷于地中。故曰日在北陸而藏氷。至于二月四陽作,蟄蟲起,陽始用事,則亦始啓氷而廟薦之。故曰仲春獻羔開氷,先薦寢廟。至于四月陽氣畢達,陰氣將絶,則氷于是大發。食肉之祿,老疾喪浴氷無不及。是以冬無愆陽,夏無伏陰,春無凄風,秋無苦雨,雷出不震,無災霜雹,癘疾不降,民不夭札也。蹐升稱舉也。於饗正齒位,故兕觥以誓衆,使無違禮。爲民三時務農,將闕於禮,至此農隙而教之尊長養老孝弟之道。蓋衣食足而禮義可教也。言二之日鑿氷,三之日乃納于氷室。二月早朝君乃獻羔祭韭,開氷先薦寢廟。九月霜降萬物收縮,至於十月則農事畢矣。於是滌場埽設朋酒斯爲飲酒之饗鄉人以犬大夫更加羔羊蓋鄉大夫來觀禮也升彼學校舉彼兕觥以見貴賤尊卑有分焉於是民祝君上之壽欲萬壽無疆以見君民之間上下相親不啻如家人父子焉周之王業蓋於得民可以見矣夫得民在於安民安民之實本於敬天也先儒謂周家以農事開國故其陳農政爲特詳然不本諸安民則世間一勤儉忠厚之家而已何足樹八百年王業之本哉雖然安民之要亦不外於農此所以其特詳也眞德秀云夫農者衣食之本一日無農則天地之所以養人幾乎息矣惟其關生人之大命是以服天下之至勞今以此詩考之日月星辰之運行昆蟲草木之變化凡感乎耳目者皆有以觸其興作之思是其心無一念不在乎農也自于耜而舉趾自播穀而滌場所治非一器所業非一端私事方畢而公宮之役無敢暬歲功方成而嗣歲之圖不敢後是一歲之間無一日不專乎農也惟夫與婦惟婦與子各共乃事各任乃役是一家之内無一人不力乎農也織薄于秋求桑于春躬蠶績之勞以爲衣服之計者無所不至猶恐其未足也于貉爲公

又有以相之食鬱及薁亨葵及菽備果蔬之美以充享老之養者無所不至猶恐其未足也穫稻爲酒又有以介之常是時農之所耕者自有之田也而上之人又從而崇奬勸勵之故斯人亦以爲生之樂而勸畝和悅之氣浹于上下不見其有勞苦愁歎之狀朋酒羔羊升堂稱壽君民相與獻酬忘其爲尊卑貴賤之殊後世之農則異乎此矣已無田可耕而所耕者他人之田爲有可耆得無殃害之足矣豈復有崇奬勸勵之意故數米而炊併日而食者乃其常也出事既起丁夫之糧餉與牛之芻藁無所從給豫指收斂之入以爲稱貸之資糲飯藜羹猶不克飽敢望有鹽酪之味乎曉霜未釋忍饑扶犁凍皸不可忍則燎草火以自溫此始耕之苦也燠氣將炎晨興以出傴僂如啄至夕乃休泥塗被體熱燥濕蒸百畝告青而形容變化不可復識矣此立苗之苦也暑日如金田水若沸耘耕是力稂莠是除爬沙而指爲之戾傴僂而腰爲之折此耘苗之苦也迨垂穎而堅栗懼人畜之傷殘縛草田中以爲守舍數尺容膝僅足蔽雨寒夜無眠風霜砭骨此守禾之苦也刈穫而歸婦子

咸喜春揄簸蹂競敏其事若可樂矣而一飽之懽曾無旬日穀入主家之廩利歸質貸之人則室又垂罄矣自此之外惟采薪丁茅販鬻易粟以苟活而已若夫桑麻種藝蠶績織紝勞苦稱之而敝衣故絮曾不得以卒歲豈不重可哀憐也哉此善詩悉後世農家作苦之狀故附記

鴟鴞周公救亂也成王未知周公之志公乃爲詩以遺王名之曰鴟鴞焉

鴟鴞鴟鴞既取我子無毀我室興也鴟鴞鸋鴂也無能毀我室者攻堅之故也寧亡二子不可以毀我周室恩斯勤斯鬻子之閔斯恩愛鬻稚閔病也稚子成王也○迨天之未陰雨徹彼桑土綢繆牖戶迨及徹剝也桑土桑根也今女下民或敢侮予○予手拮据予所捋荼予所蓄租予口卒瘏拮据

撠挶也。荼、萑苕也。租、爲。瘏、病也。手病口病。故能免于大鳥之難。曰予未有室家。謂我未有室家。

予羽譙譙。予尾翛翛。譙譙、殺也。翛翛、敝也。予室翹翹。風雨所漂搖。予維音嘵嘵。翹翹、危也。嘵嘵、懼也。

鴟鴞四章。章五句。

案書金縢曰。武王既喪。管叔及其羣弟。乃流言于國曰。公將不利于孺子。周公乃告二公曰。我之弗辟。我無以告我先王。周公居東二年。則罪人斯得。于後公乃爲詩以貽王。名之曰鴟鴞。王亦未敢誚公。舊說以居東爲東征。或以爲居東都。皆失之矣。其爲東征者。是并二年三年而溷之也。其爲居東都者。管蔡流言之時。尚未有東都也。先儒辨之審矣。詩說云。管叔及其羣弟流言于國。周公避居于魯。此說得之。時豐鎬西。而魯東。故曰居東。古者罷相。則就封國。如漢絳侯周勃就國。平津侯公孫弘乞骸骨歸國耳。成王初聞流言。其心大疑。亦不知罪人爲誰。及公居東二年。乃斯得罪人之主名。金縢所謂罪人斯得是已。然成王未知周公之志在安王室也。又武庚之叛未形。故其心尚未釋然。故公爲詩以貽王。微言寧亡二子。不可毀周室之意。序云救亂。是救管蔡之亂也。逮感風雷之變。乃親迎以歸。武庚二叔遂以叛于是成王始命公東征之。此詩作于居魯之時。非作于東征之後矣。鴟鴞鸋鳥也。郭璞以爲鴟類。是也。陸璣以爲巧婦小雀。疏仍之謬也。若非鸋鳥。何得云取我子。且爾雅屬類以釋。鴟鴞鸋鴂之下。有狂茅鴟。怪鴟梟鴟等。則此自應同是鴟類。無緣得爲巧婦小雀也。室猶巢也。勤猶惜也。言鳥之愛其巢者。呼鴟鴞而告之云。鴟鴞鴟鴞女既取我子。幸無毀我巢。我巢積日累功作之。攻堅。故也。以喩寧亡二子。不可以毀我周室。周室起王業積累成基也。我非不愛斯子。惜斯子也。而爲稚子之病則遂將毀我室矣。夫管蔡兄弟也。周公之心。未嘗不愛惜也然將傾覆周室。則亦不暇顧焉。**二章**周公先見武庚二叔將危周室。欲王及早爲之備也。其注意全在此章。天將雨先陰。故曰陰雨。綢繆猶纏綿也。牖巢之通氣處。戶

其出入處也綢繆牖戶以喻治政刑也亦假鳥以言及
天之未陰雨剝彼桑根以爲巢綢繆牖戶以備陰雨今
女巢下之民誰敢有侮予者乎蓋牖戶者巢之虛處也
禍患之所由入也當豫爲之地也故於是尤加綢繆焉
夫履霜思堅冰重門擊柝先于事綢繆顧虛處豫備誰
敢有侮之者乎孔子曰爲此詩者其知道乎能治其國
家誰敢侮之 **二章** 假鳥作巢之勞苦言周家成王業之
艱難以演首章無毀我室之意此章及卒章每句曰予
蓋見周家建王業固非一人一世之力焉捋取也荼草
所以藉巢也蓄聚卒盡也言予手拮据草予所捋是荼
草此予所聚爲鳥之拮据手口共用予口病則手口盡
病矣手病口病以作我巢故能免乎大鳥之難以喻自
后稷先公勤勞經營而成我周室能免乎侵毀之患也
然有輕侮我稚子而謂我未有室家者蓋言武庚鬪周
室也 **卒章** 雨曰漂風曰搖言非啻手口卒瘏也羽殺尾
敝以爲此巢室一朝爲風雨所漂搖其能不曉曉乎武
庚雖包藏禍心周家能綢繆虛處則亦安從而發哉不
幸而三監入其械中流言于國而成王果疑惑則所謂

于室翹翹將風雨所漂搖者也周公之志在救輔其得無不曉曉乎雖聖人無如世變何伊尹放君民無異議周公在朝二叔流言嗚乎世變人心愈降愈下由周而下可勝道也哉

東山周公東征也周公東征三年而歸勞歸士大夫美之故作是詩也一章言其完也二章言其思也三章言其室家之望女也四章樂男女之得及時也君子之於人序其情而閔其勞所以說也說以使民民忘其死其唯東山乎

我徂東山慆慆不歸我來自東零雨其濛慆慆言久也濛雨貌我東曰歸我心西悲公族有辟公親素服不舉樂爲之變如其倫之喪制彼裳衣勿士

行枚（士事枚微也）蜎蜎者蠋烝在桑野（蜎蜎蠋貌桑蟲也烝寘也）敦彼獨宿亦在車下。○我徂東山慆慆不歸我來自東零雨其濛果臝之實亦施于宇伊威在室蠨蛸在戶町畽鹿場熠燿宵行（果臝栝樓也伊威委黍也蠨蛸長踦也町畽鹿迹也熠燿燐也燐螢火也）不可畏也伊可懷也。○我徂東山慆慆不歸我來自東零雨其濛鸛鳴于垤婦歎于室洒埽穹窒我征聿至（垤螘冢也將陰雨則穴處先知之矣鸛好水長鳴而喜也）有敦瓜苦烝在栗薪（敦猶專專也烝衆也言我心苦事又苦也）自我不見于今三年。○我徂東山慆慆不歸我來自東零雨其濛倉庚于飛熠燿其羽之子于歸皇駁其馬（黃白曰皇駵白曰駁）親結其縭九十其儀。縭婦人之褘也。母戒女施衿結帨。九十其儀言多儀也。其新孔嘉。其舊如之何。言久長之道也。

東山四章章十二句。

案周在豐鎬。武庚挾三監。并奄與淮夷徐而叛。其地在王室之東。周公自周征之。故謂東征。軍屯必依山爲固。故以東山言之。凡言我者皆設我乎軍士。惟此章我曰我心。我乎周公及三章我征自我。我乎婦人。來自東。從東方而歸來也。零落也。裳衣兵服也。勿猶無也。行陳也。枚軍士銜所以止語。軍法禁語。爲相疑惑也。其爲物微細。故又謂之微。蜎蜎蠋名。爾雅云烝塵也。又云塵久也。傳塵作寘。古者聲寘塵同。是烝久義也。敦聚貌。與團通。獨宿對離室家而言。古用車戰。則將卒有所蔽倚。止則爲營衛。與塹柵無以異。是在車下也。言我徂征東山。久[illegible]得歸。既得歸矣。又道遇零雨濛濛。羈旅愁慘尤苦。此所謂序其情而閔其勞也。行役最以雨爲苦。故勞歸上。每章以此四句爲起語我在東將曰歸之時我心西嚮而悲悲釁變生於骨肉之間實有悽然不可言者但點綴西悲二字以盡周公心中無限情餘章不復及者不忍言故耳汝衆士制兵服而來然亦初無事行陳銜枚矣則軍士完歸可知也見蜎蜎蠋蟲久在桑野閔敦然軍士獨宿于車下則其慰勞莫所不至也二章叙歸士之在役時其妻思之也施延也伊威蟲名壁落間小蟲也無人婦則出行于室蠨蛸小蜘蛛長脚者無人行則結網當戶懷思也夫行役妻在家獨處田事已廢室廬荒妝閣久閉宮內不埽枯樓蔓生延于宇下伊威行室蛛網當戶田園爲鹿迹螢火夜行冷淡久荒景象宛在目中此種種者誠能令人感又能令人畏然是非可畏乃可爲憂思耳勞其夫及其妻厚之至也詩志云人世間唯閨情旅況最爲千古傷心之事然種種旅況即是種種閨情歸士在塗遇雨人以爲一人受之不知蚤已兩人受之但征途尚有感慨可叙而室中獨寫怨於景象而已朱熹以卒章有熠燿其羽之句訓熠燿爲明不定貌以宵行爲蟲名蟲名可妄造乎楊愼駁之云古人用

字有虛有實熠燿之爲螢火實也熠燿爲蒼庚之羽虛也有一明證可以決其疑小雅交交桑扈有鶯其領與此句法相似此言桑扈之領如鶯之文非謂鶯即桑扈也彼謂倉庚之羽如熠燿之明非謂熠燿即倉庚也

三章 蟻將雨則出而輦土成峰謂之螘封亦名螘塚鸛鳥見之長鳴而喜故曰鸛鳴于垤穹室解見于七月篇敦繫蔓之貌團團然也故傳云猶專專也團通作專瓜苦瓜之名者栗析也古者聲栗裂同大木則破裂以爲薪鸛鳴于垤婦歎于室聞陰雨之候而思念行役之勞也述其日月則既久矣於是洒埽穹窒以待之望我征夫聿歸至也與上章伊威蠨蛸等語相應顧見苦瓜之繫蔓于薪上因感夫匏繫於外而與衆俱在析薪之役言不直其心苦事又苦也歲月既久自我不見夫于今三年矣觀此三年句可以見居東之非東征案竹書紀年云成王三年王師滅殷殺武庚祿父遷殷民於衛遂伐奄滅蒲姑四年王師伐淮夷遂入奄五年王在奄遷其君於蒲姑夏五月王至自奄此則東征之役斧斨破缺蓋歷三年也孟子亦謂伐奄三年討其君者此也

卒章

言征士既歸及時成昏姻也熠燿鮮明貌婦人謂嫁曰歸皇駁其馬言車馬盛也九者數之盛卜者數之終畢九與十喻其多也儀謂昏禮之儀也言倉庚于飛熠燿其羽以喻新昏之女子衣服鮮明也之子于歸車馬甚盛其母戒女施衿結帨其儀不一而足也其新昏且甚嘉矣其舊有室家者久之相見其歡如之何哉正是胸中蘊積千般事到得相逢半句無想見相向顧瞻無一語離別生死之意竟不知啓口何從也如之何三字盡多少情矣夫聖人所以能感入者以其情度人之情也其在於心而不敢言者上之人乃先歌詠以慰勞之故下之人亦樂於效力而不患上之不我知也東山之勞歸士也既閔留滯之久又慰歸途風雨之苦見桑蟲之在野閔軍士之獨宿因思及室家之怨室廬之以曠而廢用園之以久而荒冷淡寂寥之狀皆人情之所苦而不敢言者我則有以慰勞之觀天時之和暢聽禽鳥之和鳴情與時會及時合昏禮完歸與室家相歡皆人情之所願而不敢言者我則有以發揚之下之所苦上能與之同憂下之所願上能與之同樂易稱說以使民民

忘其死序以爲唯此詩可以當之不亦宜哉

破斧美周公也周大夫以惡四國焉

既破我斧又缺我斨隋銎曰斧斧斨民之用也禮義國家之用也周公東征四國是皇四國管蔡商奄也皇匡也哀我人斯亦孔之將將大○既破我斧又缺我錡鑿屬曰錡周公東征四國是吪吪化也哀我人斯亦孔之嘉○既破我斧又缺我銶木屬曰銶周公東征四國是遒遒固也哀我人斯亦孔之休休美也

破斧三章章六句

案斧斨民之用也以喻禮義國家之用也其不可一日而闕也人破我斧缺我斨則家用其廢矣四國叛逆而

壞禮義豈可以已乎此周公之所以東征也斯語辭王傳之意如此而已然斧斨破缺之於民不比四國叛逆之於周急且重也是詩爲代歸士明周公之心者得之轅廣云東山之詩周公能得歸士之心也破斧之詩歸士能得周公之心也是已司馬法云輜輦載一斧一斤一鑿一梩一鉏蓋斧斨錡銶軍中除道樵蘇築壘之所用也言東征之役既破我斧又缺我斨其勞甚矣然周公東征豈徒勞我軍士哉匡四國之亂欲措民生全之地也其志哀天下之人其爲德不亦大乎蓋仁者以安人爲心故惡人之亂之也鄭忠胤云東山之役三年而後克之不爲不久後儒猶妄意仁者有征無戰兵不血刃所云斧斨錡銶非如弓矢干戈矛戟之爲兵器也然此物至於破且缺焉則兵無完器亦可知已非然東山滔滔豈其無事而逍遙翺翔也者昔人詩云從軍有苦樂但問所從誰所從神且武焉得久勞師若嫌公之一徂輒三齡爲久暴師頓兵於外彼未睹乎當日之情形耳周京僻在西隅文王有二亦唯西南諸州武王伐商止及朝歌朝歌以東薄海五十餘國尚觀望二主間

特借流言以發難，故撼公使東去而畔謀已成，及覘王迎公西歸而叛形遂著，當時反者幾半天下，雖有孟津八百、牧野三千，未易支也。視向者罹如燬之虐、甘心崩角就服者，又一時也。逸周書云：周公立相天子，三叔及殷東徐奄及熊盈以叛，二年乃作師旅，臨衞攻殷，殷大震潰，降辟三叔，王子祿父北奔，管叔經而卒，乃囚蔡叔于郭凌。凡所征熊盈族十有七國，俘維九邑，俘殷獻民遷于九畢。然則周公此舉豈所可以袞衣繡裳容與而化哉。噫，道理太平話有可說處，有不可說處，何必曲獲之乎。朱熹以四國為四方之國，然書多方云告爾四國多方，既于四國之下復言多方，則四國非泛指四方明矣。二章 錡，即司馬法輜輦所載之鑿是也。嘉，善也。言德之善也。卒章 休，言德之美也。

伐柯，美周公也。周大夫刺朝廷之不知也。

伐柯如何，匪斧不克。柯，斧柄也。禮義者亦治國之柄。取妻如何，匪媒不得。

媒所以用禮也治國不能用禮則不安

○伐柯伐柯其則不遠以其所願乎上交乎下以其所願乎下事乎上不遠求也我覯之子籩豆有踐踐行列貌

伐柯二章章四句。

案此詩周公出居東時大夫之知周公者刺朝廷之不知周公也不斥言成王而曰朝廷所以兼刺也柯以喻禮義也斧以喻周公也克能也夫斧執柄以成其用國用禮義以治之伐柯如何匪斧不克道執禮以治國非周公不能也治國不能用禮如娶妻無媒也不可得已卒章則法也謂大小長短之度我覯之子承上章謂得其妻也亦以喻得覯周公也言執柯以伐柯其則即在所執之柯喻以其所願乎上交乎下以其所願乎下事乎上不遠求也君子恕以治國近取諸身其唯周公與娶妻而有媒則覯之子而燕飲相親矣以喻治國用禮則成郁郁之治也禮事弘多特擧籩豆陳列以見禮文備也

九罭美周公也周大夫刺朝廷之不知也

九罭之魚鱒魴興也九罭緵罟小魚之網也鱒魴大魚也我覯之子袞衣繡裳所以見周公也袞衣卷龍也○鴻飛遵渚鴻不宜循渚也公歸無所於女信處周公未得禮也再宿曰信○鴻飛遵陸陸非鴻所宜止公歸不復於女信宿宿猶處也○是以有袞衣兮無以我公歸兮無與公歸之道也無使我心悲兮

九罭四章一章四句三章章三句

案此詩之作亦與前篇同爾雅云緵罟謂之九罭古者凡言九者皆指其極而言也齊桓九合不止九楚辭九歌乃十一篇九陵九淵九攻皆以此例之蓋小魚之網多囊故謂之九罭郭璞註之云百囊罟是也孫炎謂[illegible]

所入有九囊。非也之子。斥周公也。衮衣畫龍於衣繡裳。刺繡之裳也。郊特牲所謂王被衮冕龍章是也。言九罭之魚乃是鱒魴。大魚在於小網。喻周公之處而出居小國也。陸佃云。鱒魚圓魴魚方。君子道以圓內義以方外。而周公之德具焉。故以喩周公也。我覯之子。當以衮衣繡裳見之。蓋諷成王以冕服迎公也。二章 女者周人謂魯人之辭。鴻飛遵渚。亦喩周公之不得其所也。陸佃云。鴻之爲物。其進有漸。其飛有序。又其羽可用爲儀。君子之道也。故以喩周公也。成王未知周公之志。則公不得其禮迎矣。公歸無所。且於汝信處耳。謂之信處。則豈可久哉。蓋以公之精忠。必有王悟之期也。是深知公者也。三章 不復。謂不復舊職也。卒章 孔穎達云。此章言王有衮衣而不迎周公也。王疑未釋。是但有此衮衣耳。無與公歸之道。冀王之早迎公。無使我心悲哉。郝敬云。朱熹改爲周公居東。東人喜之而作。非也。夫居東。公之不幸也。不以朝廷失公爲憂。而以東人見公爲喜。其於君子立言大義。近兒女私情。何所見之昧。而所愛之細乎。

狼跋美周公也周公攝政遠則四國流言近則王不知周大夫美其不失其聖也

狼跋其胡載疐其尾。興也跋躐疐跲也老狼有胡進則躐其胡退則跲其尾進退有難然不失其猛公孫碩膚赤舄几几。公孫成王也豳公之孫也碩大膚美也赤舄人君之盛屨也几几絇貌

○狼疐其尾載跋其胡公孫碩膚德音不瑕。瑕過也

狼跋二章章四句。

案狼之老者頷下有懸肉謂之胡進則躐其胡而前倒退則跲其尾而却頓進退皆有難然而不失其恆以喻周公遠則四國流言近則王不知亦可謂進退有難矣然而終不失其聖也遂教成王成人美之德以從容安舒于兆民之上蓋人遭變則舉趾不安其常懼者或至於喪履故詩人以赤舄几几形容從容安舒也所謂安

舒則。身之間無不安舒矣。特舉焉以見其餘耳。向令成王疑遂不釋。而四國得乘之。其禍固不可測。豈得亦爲几几耶。卒章德音者。有德之言也。在昔公劉立國于豳之谷焉。十世而大王徙居岐山之陽。十三世而武王有天下。武王崩。成王立。年幼。不能涖阼。周公以冢宰攝政。于時遭二叔之變。作七月詩。謂之豳風。然則何不編之雅。與公劉相倫。夫公劉雅也。七月風也。風與雅其聲不同矣。胡得相溷。如其以下六篇。雖無關于豳事。以周公所作。及爲周公而作者。附焉爾。程大昌云。邶至豳十三國詩皆可采而聲不入樂。春秋戰國以來。諸侯卿大夫士賦詩道志者。凡詩雜取無擇。至考其入樂則自邶至豳無一詩在數。享之用鹿鳴。鄉飲酒之笙由庚。鵲巢。射之騶虞。采蘋。諸如此類。未有或出南雅頌之外者。然後知南雅頌之爲樂詩。而諸國之爲徒詩也。愚案國風之爲徒詩固是已。其見卓矣。惟魏風伐檀一詩與雅頌並列入樂。見于大戴禮投壺篇及琴操。其餘皆徒歌耳。

豳國七篇二十七章二百三句

毛詩補義卷五

毛詩補義卷六

漢　趙人　毛公　傳

日本　西播　岡白駒　補義

小雅

雅本樂器周禮笙師春牘應雅以教祴樂春謂以築地賓醉而出奏祴夏以此三器築地爲之行節陳暘云雅者法度之器所以正樂者也賓出以雅欲其醉不失正也雅之取義蓋本于此故以正訓雅小雅鹿鳴至菁菁者莪大雅文王至卷阿皆聖人之迹故謂之正是爲正雅然則其小雅六月以下大雅民勞以下何以亦謂之雅蓋取雅之音以歌其變故亦謂之雅是爲變雅雅之分爲大小其說不一或主政或主理或主辭或主聲各執其一端以相是非要皆不得其說愚按政之與聲其歸一已故樂記云聲音之道與政通矣蓋有是政則有是詩詩以聲爲用樂以詩爲本夫樂者音之所

由生也其本在人心之感感於物也南雅頌被之管絃者也非國風徒歌之比矣大序云政有小大故有小雅焉有大雅焉政有小大則所述亦有小大所感殊則聲亦殊小大之義可以見已

鹿鳴之什詁訓傳第十六

鹿鳴燕羣臣嘉賓也既飲食之又實幣帛筐篚以將其厚意然後忠臣嘉賓得盡其心矣

呦呦鹿鳴食野之苹興也苹蓱也鹿得蓱呦呦然鳴而相呼懇誠發乎中以興嘉樂賓客當有懇誠相招呼以成禮也我有嘉賓鼓瑟吹笙吹笙鼓簧承筐是將簧笙也吹笙而鼓簧矣筐篚屬所以行幣帛也人之好我示我周行周至行道也○呦呦鹿鳴食野之蒿蒿菣也我有嘉賓德音孔昭視民不恌君子

是則是傚。恌、愉也。是則是傚、言可法傚也。我有旨酒。嘉賓式燕以敖。敖、遊也。

（二）呦呦鹿鳴、食野之芩。芩、草也。我有嘉賓、鼓瑟鼓琴。鼓瑟鼓琴、和樂且湛。湛、樂之久。我有旨酒、以燕樂嘉賓之心。燕、安也。夫不能致其樂、則不能得其志。不能得其志、則嘉賓不能竭其力。

鹿鳴三章、章八句。

案、呦呦、鹿聲也。鹿性警防、食則相呼。分背而食、以備人物之害。嘉賓、謂所燕之客也。孔穎達云、燕禮于客之內立一人為賓、使宰夫為主、與之對行禮。其實君設酒殽、羣臣皆在。君為之主、羣臣總為賓也。序云、羣臣嘉賓、而詩惟言嘉賓、則總謂羣臣為嘉賓、待之之厚也。鼓瑟吹笙、即燕樂也。瑟在堂上、笙在堂下。古者主人三獻禮成之後、樂作。鼓、動也、謂動其聲也。凡所以作樂者、古人皆以為鼓。易擊缶為鼓、缶可以見已。笙、列管匏中、施簧管

端八音中匏是也何楷云今以木易匏而漆之無匏音
矣承奉將行也鄭玄云飲之而有幣酬幣也食之而有
幣侑幣也人指嘉賓好愛好也言鹿得苹草相呼以食
之是出於懇誠以興君燕嘉賓懇誠以成禮也我有嘉
賓瑟笙以樂之飲則奉筐將酬幣食則奉筐將侑幣於
是乎君臣和樂上下情通人之愛好我示我以至美之
道古者於旅也語此之謂也夫關雎夫婦也而曰友鹿
鳴君臣也而曰賓蓋王者退處於宮則懽溺床第故相
敬如友以將之尊居於朝則慮勢隔絶故相洽如賓以
通之而琢磨之資啓廸之益亦云深矣二章德音解見
狠跋視示古通用言嘉賓之德示之民足以使之不愉
薄是實君子之所當法傚也式燕以敖言燕樂之也韓
詩說云夫飲之禮不脫屨而即序者謂之禮跣足而上
坐者謂之宴能飲者飲之不能飲者已謂之醧齊顏色
均衆寡謂之沈閉門不出者謂之湎故君子可以宴可
以醧不可以沈不可以湎此式燕以敖之說也卒章說
具于傳朱熹云此燕饗賓客之詩也鄒忠胤駁之云燕
與饗異饗重燕輕饗者天子所以饗諸侯及卿大夫之

有功與諸侯饗鄰國使臣饗在廟燕在寢彌相親也饗則立成不坐設几不倚燕則降脫屨升坐饗則獻依命數而止爵盈不飲燕則無算爵以醉爲度此燕與饗之別也是詩云式燕以敖云以燕樂嘉賓之心則知是燕非饗矣或疑燕禮無用幣之文然周語云先王之燕體解節折而共飲食之於是乎有折俎加豆酬幣宴貨以示容合好則燕未嘗不用酬幣也

四牡勞使臣之來也有功而見知則說矣。

四牡騑騑周道倭遲。騑騑行不止之貌周道岐周之道也倭遲歷遠之貌文王率諸侯撫叛國而朝聘乎紂故周公作樂以歌文王之道爲後世法豈不懷歸王事靡盬我心傷悲盬不堅固也思歸者私恩也靡盬者公義也傷悲者情思也

○四牡騑騑嘽嘽駱馬嘽嘽喘息之貌馬勞則喘息白馬黑鬣曰駱豈不懷歸王事靡盬不遑啓處遑暇啓跪

處居也。臣受命。舍幣于禰乃行。○翩翩者鵻。載飛載下。集于苞栩。鵻夫不也。王事靡盬。不遑將父。將養也。○翩翩者鵻。載飛載止。集于苞杞。杞枸檵也。王事靡盬。不遑將母。○駕彼四駱。載驟駸駸。駸駸驟貌。豈不懷歸。是用作歌。將母來諗。諗思也。父兼尊親之道。母至親而尊不至。

四牡五章章五句

案。牡牡馬也。一車四馬。故曰四牡。周道。歸于岐周之道也。靡盬。不可不堅固也。文王率諸侯。撫叛國而使之朝聘乎紂。此所以使臣往來于諸侯也。於其歸來也。叙其情而勞之。通篇皆代使臣言之。言四牡騑騑行不止。道路倭遲而長遠。當是之時。豈不思歸乎。特以王事不可不堅固。不敢以私恩廢公義。是以內顧而傷悲。傷悲正謂念憶父母也。下章云將父母。是已臣勞於事而不自言。然君上知之。如此乃所以説也。鄭玄云。無私恩非孝子也無公義非忠臣也君子不以私害公不以家事辭王事古者求忠臣於孝子之門責人臣以忠必先之以孝所謂所事父以事君是也故古之人處則爲孝子出則爲忠臣二章駱善耐勞苦有似忠于所服駱而嘽嘽則其勞甚矣言其馬勞則人可知矣啓跪也謂待父母也禮云君子更端則起起即跪也處居也謂自安坐也君言不宿于家受命舍辭于禰乃行是不遑啓處也三章翩翩疾飛之貌騅孝鳥也苞栩解見鴇羽夫不之載飛載下以喩使臣奔走於王事也上以駱爲忠此以騅寓孝詩人取物以言不苟如此四章上章云將父此章云將母互相備也卒章走馬曰驟不驟而步疾曰駸將母來諗猶云諗來將母蓋倒語也言四駱駸駸於此豈不思歸乎是用作歌自陳念來養母之志夫有思則不能無咨嗟詠嘆也文王探使臣之情知其必然也獨言將母者母至親而恩意偏也

皇皇者華君遣使臣也送之以禮樂言遠而有光華

也。

皇皇者華。于彼原隰。皇皇猶煌煌也。高平曰原。下濕曰隰。忠臣奉使。能光君命。無遠無近。如華不以高下易其色。駪駪征夫。每懷靡及。駪駪。衆多之貌。征夫。行人也。每。雖。懷。和也。

○我馬維駒。六轡如濡。載馳載驅。周爰咨諏。忠信為周。訪問善為咨。咨事為諏。

○我馬維騏。六轡如絲。言調忍也。載馳載驅。周爰咨謀。咨事之難易為謀。

○我馬維駱。六轡沃若。載馳載驅。周爰咨度。咨禮義所宜為度。

○我馬維駰。六轡既均。陰白雜毛曰駰。均。調也。載馳載驅。周爰咨詢。親戚之謀為詢。兼此五者。雖有中和。當自謂無所及。成於六德也。

皇皇者華五章章四句。

案君遣使臣燕以送之歌以樂之卽歌是詩也序云送之以禮樂是也煌煌光明貌征夫衆行人也謂使與上介衆介忠臣奉使能光君命無遠無近如華之于彼原隰不以高下易其色也葢專對而不辱命隨宜而揚君美也駪駪行人雖有中和之德而自以爲無及也此若稱使臣之德而顧所以戒也欲其咨諏善道**二章**大夫乘車駕三今日六轡者以上大夫卿奉使言之如濡言鮮澤也爰於也周爰咨諏猶云咨諏於周倒語也魯語叔孫穆子釋是詩云諏謀度詢必咨於周是已我馬維駒使臣所乘之馬也載馳載驅凡征途採訪所及必咨於忠信之人葢王者適使四方令之咨善道乃將以廣聰明也周禮小行人云其萬民之利害爲一書其禮俗政事教治刑禁之逆順爲一書其悖逆暴亂作慝猶犯令者爲一書其札喪凶荒厄貧爲一書其康樂和親安平爲一書凡此五物者每國辨異之以反命于王以周知天下之故此使臣之所以咨于周也咨善道爲本而其它自辨矣與後世繡衣持斧者殊**四章**沃若猶濡也愚案古者鹿鳴四牡皇皇者華相連而奏故春秋內外

傳皆以稱鹿鳴之三學記以爲宵雅之三
而鄉射燕禮皆亦以是三詩爲樂歌也

常棣燕兄弟也閔管蔡之失道故作常棣焉

常棣之華。鄂不韡韡。興也常棣棣也鄂猶鄂鄂然言外發也韡韡光明也凡今之人。莫如兄弟。聞常棣之言爲今也○死喪之威。兄弟孔懷。威畏懷思也原隰裒矣。兄弟求矣。裒聚也求矣言求兄弟也○脊令在原。兄弟急難。脊令雝渠也。飛則鳴行則搖不能自舍耳急難言兄弟之相救於急難每有良朋。況也永歎。況茲永長也。○兄弟鬩于牆。外禦其務。鬩很也每有良朋。烝也無戎。烝塡戎相也○喪亂既平。既安且寧。雖有兄弟。不如友生。兄弟尚恩怡怡然。朋友以義切切然。○儐爾籩豆。飲酒之飫。儐陳飫私也不脫屨升堂謂之飫兄弟倪其和樂且孺。九族會曰和孺屬也王與親戚燕則尚毛○妻子好合如鼓瑟琴兄弟既翕和樂且湛。翕合也○宜爾室家樂爾妻帑。帑子也是究是圖亶其然乎。究深圖謀亶信也

常棣八章章四句

案國語以此詩爲周文公之詩蓋周公閔傷管蔡之事而作是詩以申兄弟之好後因以爲燕兄弟之詩耶不韡韡者韡韡也言常棣之華鄂鄂然外發豈不韡韡乎以興兄弟和睦外見有光輝也周公感于常棣之韡韡而閔管蔡之誅殺餘恫於是更切若今新知者故言凡今之人莫如兄弟傳云聞常棣之言爲今也深得詩旨二章朱熹云死喪之禍他人所畏惡惟兄弟之親甚相思念至於積尸裒聚於原隰亦惟兄弟相求之此至第四章皆申莫如兄弟之意三章張華禽經註云脊令共母者飛鳴不相離故取以興兄弟每雖也言脊令飛則

鳴行則搖。不能自舍。以喩兄弟相救于急難也。當是之時。雖有良朋。不過玆長歎息而已。**四章** 禦對外而言。務侮也。烝猶常也。傳云烝塡也。古聲塡塵同。塵久也。久即常之義也。言兄弟或有不幸鬩于內。然有外人之侮我兄弟者。顧禦之矣。雖有良朋常無相已。王安石云鬩于內固非令兄弟也。然及其禦侮。則雖有良朋曾不如不令兄弟也。蓋言雖朋友之義。不如兄弟天性之情也。**五章** 鄭玄云安寧之時。以禮義相琢磨。則友生急不如者。蓋就事而言之也。上章既言朋友不如兄弟。然五倫之敘。朋友與居一焉。恐執其一端。故此章特言朋友之不可不親也。**六章** 立曰飫。坐曰宴。孫炎云非公朝私飫飲酒也。言陳汝之籩豆。爲飲酒之飫禮。兄弟既具集九族和樂。年齒相序。且骨肉相親屬。此言自兄弟而廣親九族也。**七章** 此言因兄弟之和。而妻子好合也。言妻而連言子者。常說耳。古語如此者多。好如好讎之好也。合聚也。如鼓瑟琴。謂相和也。八音皆和。而莫若瑟與琴之最和。故喩其和。湛樂之甚也。轉爲湛湎之湛。其義可見。言妻子好合。如瑟琴之和。其合無間矣。然必兄弟既翕。九

族和樂者而始能樂耳。夫男女以情而合妻子好合是
若匪不難然兄弟鬩牆家人嗃嗃雖有妻子烏能樂之乎
孔子燕居子貢攝齊而前曰弟子事夫子有年矣才竭
而力罷振于學問不能復進請一休焉孔子曰賜也欲
焉休乎曰賜欲休于事兄弟孔子曰詩云妻子好合如
鼓瑟琴兄弟既翕和樂且耽爲之若此其不易也如之
何其休也可以見此詩之意矣卒章此承上章而遂成
一篇之義也夫閨門不和則家道亂妻子和合則家道
治既妻子好合如鼓瑟琴故宜爾室家樂爾妻帑然是
因兄弟既翕而妻子好合而九族和樂以至朋友莫不
皆然於是深思於是熟圖豈不信其然乎呂祖謙云告
人以兄弟當親未有不以爲然者也苟非是究是圖實
從事於此則亦未有誠知其然者也不
誠知其然則所知者特其名而已矣

伐木燕朋友故舊也自天子至于庶人未有不須友
以成者親親以睦友賢不棄不遺故舊則民德歸厚

矣。

伐木丁丁。鳥鳴嚶嚶。興也。丁丁伐木聲也。嚶嚶驚懼也。出自幽谷遷于喬木。幽深。喬高也。嚶其鳴矣。求其友聲。君子雖遷於高位。不可以忘其朋友。相彼鳥矣。猶求友聲。矧伊人矣。不求友生。矧況也。神之聽之。終和且平。

○伐木許許。釃酒有藇。許許柿貌。以筐曰釃。以藪曰湑。藇美貌。既有肥羜。以速諸父。羜未成羊也。天子謂同姓諸侯。諸侯謂同姓大夫。皆曰父。異姓則稱舅。國君友其賢臣。大夫士友其宗族之仁者。寧適不來。微我弗顧。微無也。於粲洒掃。陳饋八簋。粲鮮明貌。圓曰簋。天子八簋。既有肥牡。以速諸舅。寧適不來。微我有咎。咎過也。

○伐木于阪。釃酒有衍。衍衍美貌。籩豆有踐。兄弟無遠。民

之失德乾餱以愆。餱食也有酒湑我無酒酤我。湑莤之也酤一宿酒也

坎坎鼓我蹲蹲舞我。蹲蹲舞貌迨我暇矣飲此湑矣

伐木三章章十二句。

案相視伊是也鄭玄云以可否增減曰和朋友切磋乃有可否增減之義如五音調之如五味濟之謂之和平言伐木丁丁鳥聞之嚶嚶驚懼相警其侶以興朋友相切直也是鳥也出自幽谷遷于喬木嚶其鳴矣是求其友之聲以喻君子雖遷於高位不忘其友也視彼鳥猶求其友之聲況是人矣而可不求友生乎心誠求之神終錫和平之友夫神聽人者也不自爲也誠求者不患其往而不遂也神要終者也不爲始也逐福者無謂其幸而可徼凡事求之不已其得之也若人爲之又若神爲之若神爲之又若人爲之者則心誠求之之所致也

二章伐木許許亦以興朋友切直也首章以二句備義下二章但舉一句蓋省文耳首章通乎庶人次言朋友

切直交情當厚此章言天子諸侯之友故特曰諸父諸舅速召也洒掃謂以水濕地掃除之也言有美酒有肥羜於是粲然洒掃其室庭乃陳八簋之饋以召諸父諸舅寧召之適有故不來無使言我不顧念也或云天子之於諸臣安有速之而寧不來者是以後世視古也古之君臣如家人父子其出昌言相拜于一堂吾見諸尚書焉或謂樂道忘勢即是理學者流之論耳卒章踐陳列貌兄弟通于父黨母黨而言之德恩德也民之失德二句是比方之詞蓋引之以喚起親戚朋友之當厚也乾餱食之薄者也坎坎擊鼓聲迨及也言釀酒衍然籩豆陳列兄弟親戚無有疎遠皆與其燕也民之所以至於失親親之恩者非必有大故或由乾餱之不相及以至於獲愆過故有酒則爲我茜泲之無酒則爲我造酤酒坎坎蹲蹲鼓舞以相樂及我閒暇飲此湑酒燕飲以篤恩矣詩志云獨恐政治不修而沈湎日開大爲我兄弟懽有迨暇之一言而終日飲而朝不廢朝暮不廢夕君子觀于伐木卒章知周王之貴而能下樂而有制朱熹呂祖謙皆云此篇毛氏六章章六句引劉氏之說改

之愚案毛氏本當三章章十二句何以知之孔穎達云燕朋友即二章諸父諸舅卒章兄弟無遠是也是以伐木許許之章爲二章以伐木于阪之章爲卒章則孔穎達作疏之時唐本如此宋本或有誤作六章章六句者二公忽畧孔疏遂以爲毛氏之舊豈不寃乎後儒據劉氏非毛鄭皆吠其聲耳今從孔疏復毛氏之舊且洗其寃云爾

天保下報上也君能下下以成其政臣能歸美以報其上焉

天保定爾亦孔之固固堅也俾爾單厚何福不除俾使單信也或曰單厚也除開也俾爾多益以莫不庶庶衆也○天保定爾俾爾戩穀罄莫不宜受天百祿戩福穀祿罄盡也降爾遐福維日不足○天

保定爾以莫不興如山如阜如岡如陵言廣厚也高平曰陸大陸曰阜大阜曰陵如川之方至以莫不增○吉蠲爲饎是用孝享吉善蠲絜也饎酒食也享獻也禴祠烝嘗于公先王春曰祠夏曰禴秋曰嘗冬曰烝公事也君曰卜爾萬壽無疆君先君也尸所以象神卜予也○神之弔矣詒爾多福弔至詒遺也民之質矣日用飲食質成也羣黎百姓徧爲爾德百姓百官族姓也○如月之恆如日之升恆弦升出也言俱進也如南山之壽不騫不崩騫虧也如松柏之茂無不爾或承

天保六章章六句

案鄭玄云鹿鳴至伐木皆君所以下臣也此篇乃臣歸美於君以報其上也保安爾女也女于君歐陽脩云詩

人女其君者。蓋稱天以爲言。是也。言天之安定女。亦甚堅固矣。使女單厚。則何福不開出。終使女每物益多。以莫不衆矣。俾爾單厚。蓋謂以仁也。不徒歸美已也。二章遐遠也。言天安定女。俾女有是福祿。衆庶得其所。盡無不宜。衆庶亦受天之福矣。此言仁也。以衆言之。故曰百祿。天之降女。廣遠之福。使天下溥蒙之。波及然。如日且不足也。三章此專言廣厚盛大也。興盛也。如山之高矣。又復如山脊之岡。則愈高矣。如阜之大矣。又復如大阜之陵。則愈大矣。所謂興也。山阜岡陵。猶有定體。故又欲其增。川本源深。流長方至。則盛長之初。其增不可量也。謂邵二泉云。此參錯成文。詩之體固如此。四章蠲絜也。齋戒也。孝享。以孝敬之心。祭之也。君曰者。尸傳神之辭也。言王善齋戒。爲酒食。是用孝享于禴于祠于烝于嘗。以事先王。於是皇尸乃報於王云。先君曰與女。使女萬壽無疆。五章鄭玄云。神至者。宗廟致敬。鬼神著矣。是已。民成者。民各得其所也。黎衆也。此承上章而言。言鬼神來格矣。遺女以多福。民之成就矣。日用飲食燕樂而已。是羣黎百姓。徧皆莫不賴女之德。夫國家多難。則民不

暇奔走安得日用飲食乎民之各得其所日用飲食燕樂太平之光景可以見焉

卒章

鄭玄云月上弦而就盈日始出而就明是言俱進也或之言有也此章羣黎百姓負戴仁德而欲其世世相承不替也如月之恒如日之升欲愈益進也如南山之壽不騫不崩冀其堅固也如松栢之舊葉將落而新葉已生無不爾有承繼矣

采薇遣戍役也文王之時西有昆夷之患北有玁狁之難以天子之命命將率遣戍役以守衛中國故歌采薇以遣之出車以勞還杕杜以勤歸也

采薇采薇薇亦作止薇菜作生也曰歸曰歸歲亦莫止靡室靡家玁狁之故不遑啓居玁狁之故玁狁北狄也○采薇采薇薇亦柔止柔始生也曰歸曰歸心亦憂止憂心烈烈載飢載渴我

戍未定靡使歸聘（聘問也）○采薇采薇薇亦剛止（少而剛也）曰歸曰歸歲亦陽止（陽歷陽月也）王事靡盬不遑啓處憂心孔疚我行不來（疚病來至也）○彼爾維何維常之華（爾華盛貌常常棣也）彼路斯何君子之車戎車既駕四牡業業（業業然壯也）豈敢定居一月三捷（捷勝也）○駕彼四牡四牡騤騤君子所依小人所腓（騤騤彊也腓辟也）四牡翼翼象弭魚服（翼翼閑也象弭弓反末也所以解紒也魚服魚皮也）豈不日戒玁狁孔棘○昔我往矣楊柳依依今我來思雨雪霏霏（楊柳蒲柳也霏霏甚也）行道遲遲載渴載飢（遲遲長遠也）我心傷悲莫知我哀（君子能盡人之情故人忘其死）

采薇六章章八句。

案此文王爲西伯服事殷之時以殷王之命遣戍役之詩也止語辭與只同曰發語辭靡無也夫以婦爲室婦以夫爲家啓居與啓處同解見于四牡篇西伯將遣戍役先與之期以采薇之時又約歸期以歲莫重言之者丁寧之也言采薇采薇薇亦生矣可以行也曰歸曰歸歲亦莫矣期歲莫乃歸也今夫靡得以室爲室婦靡得以家爲家是以玁狁之故也又不遑待于父母且安處亦是以玁狁之故也蓋感激之使怒寇也

二章 此序戍役者情懇而遣之也柔已生而柔也烈烈憂貌定止也言曰歸曰歸其期遠則心亦憂矣憂心烈烈則飢則渴言行時在路之苦也左在役也我戍未已則無所使歸問室家之安否矣唐詩云黃沙百戰穿金甲不破樓蘭終不還其悲壯意亦相似

三章 陽十月也時純陰用事嫌於無陽故以名云蓋十月以往皆歲莫之候也王事靡盬不遑啓處義與四牡同不來不至于家也謂不歸也雖憂心孔疚我行不歸言其竭力致死無還心也

夫上能得士心則士勇於報國如此壯氣凛凛自是動人案薇曰作曰柔曰剛猶桃夭華灼紀時而兼言葉蓁蕡實也此詩家映帶語耳或以爲遣戍有二時或以爲見天時之變皆屬鑿說**四章**路戎車也君子謂將率也言彼爾者乃是常棣之華以興彼戎車是君子之車也以棣華之盛喩車飾之盛也戎車既駕而四牡壯矣豈敢止居乎庶乎一月之中三戰三勝耳蓋勸厲之也詩志云卒不知有將則神解而不相維兵家之大患也曰彼路斯何君子之車人人胸中知有君子則三軍之精神盤結不可解矣欲清萬里之塵先固三軍之氣如此夫然後可以三戰三勝矣**五章**依猶乘也小人謂戍役也所腓庇蔭此戎車所以避患也服與箙同盛矢器也以魚皮爲之棘急也此承上章而言彼戎車者是將率之所依乘小人之所倚辟此古人用車之法也蓋進攻則且爲捍禦之資退守則賴爲營衞之固孫子所謂無恃其不來恃吾有以待之無恃其不攻恃吾有不可攻是也四牡閑習器械又備豈不日相警戒乎玁狁出没飄忽如風雨其來孔急誠不可忘備也蓋勸戒之也

蔡汝楠云豈敢定居猶君子有不測之畧豈不日戒猶君子有不懈之心采薇雖脉戍役之情而將道亦自可見此篇上三章言戍役矣二章言將率夫三軍將之所率也故勸厲勸戒寓於此云**卒章**預序歸時之事極言其苦也蓋設爲戍役者之言也依依柔弱之貌思語辭言昔我往時楊柳依依家人送別之情可悲今我歸來雨雪霏霏路塗愁慘之況可想行道長遠不免渴飢食無限行路難我心傷悲矣然莫有知我雨雪飢渴之哀者若戍役自言是無所告之至苦也上既能言之以慰勞之乃所以深知之也傳所謂君子能盡人之情此之謂也

出車勞還率也

我出我車于彼牧矣出車就馬於牧地自天子所謂我來矣召彼僕夫謂之載矣王事多難維其棘矣僕夫御夫也○我出我車

于彼郊矣。設此旐矣。建彼旄矣。龜蛇曰旐。旄干旄。彼旟旐斯。胡不旆旆。鳥隼曰旟。旆旆旒垂貌。憂心悄悄。僕夫況瘁。○王命南仲。往城于方。出車彭彭。旂旐央央。王殷王也。南仲文王之屬。方朔方近玁狁之國也。彭彭四馬貌。交龍爲旂。央央鮮明也。天子命我。城彼朔方。赫赫南仲。玁狁于襄。朔方北方也。赫赫盛貌。襄除也。○昔我往矣。黍稷方華。今我來思。雨雪載塗。王事多難。不遑啓居。塗凍釋也。豈不懷歸。畏此簡書。簡書戒命也。鄰國有急。以簡書相告。則奔命救之。○喓喓草蟲。趯趯阜螽。未見君子。憂心忡忡。既見君子。我心則降。赫赫南仲。薄伐西戎。○春日遲遲。卉木萋萋。倉庚喈喈。采蘩祁祁。執訊獲醜。薄言還歸。卉草也。訊辭也。

赫赫南仲玁狁于夷夷平也

出車六章章八句

案鄭玄云遣將率及戍役同歌同時欲其同心也反而勞之異歌異日殊尊卑也此出車與杕杜所以異用也勞率以偉績勞役以私情詩亦自殊我我將率古者兵隱於民而馬則牧于野兵車之出則以車而就牧地也荀子云天子召諸侯諸侯輦輿就馬禮也是已天子謂殷王也義與前篇同載使裝載物也此設爲將率之言也以下六句言上二句之故言我出我車于彼牧地而就馬矣是爲自天子所謂我來矣命以將率之任也代是以召彼僕夫謂之云載矣王事多難維其急矣言趨王事急不敢寧也此文王勞率之詩也而加文王不與爲稱天子稱王事是所以服事殷也

二章牧地在郊故變文曰郊斯語辭董鼎云禮曰德車結旌武車綏旌綏謂垂舒之旆旆是也昔晉治兵建而不旆壬申復旆諸侯畏之則知垂旌所以爲戰也況兹也言既出車設此

旐矣建彼旄矣軍事既整戎車既備於是大將乃指麾旐而曰何不旆旆乎欲赴敵必戰也蓋此時治兵雖建而不旆指之言胡不旆旆其勇壯之氣可以見已然臨事而懼憂心悄悄則其不易敵亦可知已左傳云某爲御某爲右古之御夫偏副之任也故僕夫亦至於茲憔悴也此言將率之憂勞以勞之也夫憂心悄悄大將成功之本也禍莫大于輕敵爲一小國喪三軍衆皆爲此故已敵抗兵相加敬者勝矣**三章**城築城也央央鮮明也言旆之狀也呂祖謙云軍禮雖無所攷以聘禮攷之受命則亦張而旆之我我南仲天子命我二句南仲稱王命以令衆也言王命南仲往城于朔方彭彭然張其車乘央央然旆其旂旐乃傳天子命我城于朔方之令威嚴赫赫玁狁於是乎除首章二章止言出車勤王至乎此始稱將之名所以顯其功也詩志云凡爭勝乎兩刃之前者非良將也試觀此詩選關固壘朔方是城其扼要在地利一則曰天子再則曰天子其鼓震在威靈前言憂後言畏其磨厲在精神既以爲玁狁于襄又以爲玁狁于夷其奏勳在萬世南仲之勤邊何如哉**四章**

言在邊之久及歸塗之苦以勞之也載塗謂春凍始釋時也下章言薄伐西戎則是歸以幾又出伐西戎也故日王事多難不遑啓居言昔我往時黍稷方生華今我歸來雨雪載塗經月既久旅塗愁慘亦苦雖暫時得歸又將事西戎王事多難不遑啓居方是時也豈不懷歸乎唯畏此簡書耳古之大將不畏夷氣而畏君命所以成功也

五章 此章上六句與召南草蟲首章全同而興意亦同但彼興大夫之妻隨從其夫此興近西戎之諸侯鄉望而從南仲也未見君子憂心忡忡蓋近西戎之諸侯數被侵害故惟恐南仲之不至也爲諸侯所徯望南仲之功於是亦盛薄發語辭赫赫南仲薄伐西戎諸侯稱南仲之威嚴也諸侯稱將率以君子語似不倫愚按此六句召南亦採收則早已有此詩而借以言之耳至爲室家念南仲之詩則赫赫南仲其辭奮張絶不類室家語矣

卒章 此述歸塗之時物與其功而勞之也祁祁衆多貌執生擒也訊魁首也謂其有所知識可與之爲言辭者故傳訓爲辭醜衆因也言功成而歸時春日暄妍草木榮茂禽鳥和鳴采蘩人滿道路於此之時執

訊獲醜而薄我歸於京師其時物與喜情兩得意之狀究然見乎言外赫赫南仲其功大矣鄭玄云此時伐西戎獨言平玁狁者玁狁大故以爲始以爲終

杕杜勞還役也

有杕之杜有睆其實興也睆實貌杕杜猶得其時蕃滋役夫勞苦不得盡其天性王事靡盬繼嗣我日日月陽止女心傷止征夫遑止○有杕之杜其葉萋萋王事靡盬我心傷悲卉木萋止女心悲止室家踰時則思○陟彼北山言采其杞王事靡盬憂我父母檀車幝幝四牡痯痯征夫不遠檀車役車也幝幝敝貌痯痯罷貌匪載匪來憂心孔疚期逝不至而多爲恤逝往恤憂也遠行不必如期室家之情以期望之卜

箋偕止會言近止征夫邇止卜之筮之會人占之邇近也

杕杜四章章七句

案此詩代爲室家思征夫之辭所謂勞之以私情是也不言其已歸之樂而言其未歸之思舉人情篤至處以慰勞也杕之杜解見于唐風戍役在外亦孤特無依故以取興焉陽十月也說見于采薇女謂室家也遑暇也言有杕之杜得其時而睆然其實我君子行役不得安於室家曾杕杜之不若矣王事無不堅固以日繼日而無休息之期遣之特云日歸日歸歲亦陽止今已日月陽矣故女心思而傷止料方今當以暇矣蓋料其歸也

二章鄭玄云我心傷悲者念其君子於今勞苦也卉木萋則春將莫矣踰時而不至故女心悲止意早晚當以歸矣蓋望其歸也凡人情望絕則雖思念切乎顧有所分已及其期料之一日實如三秋至其踰時則朝望莫待愈思愈切皆其情篤至處

三章嚴粲云鄭孔皆不明言杞爲何物蓋當是枸杞杞之可食者惟杞枸也俗呼

爲此菜采杞。亦卉木萋止之時也。我父母猶云我家父母也。謂夫之父母也。檀木堅宜爲車。言陟彼北山我采其杞。託有事以望其君子也。夫行役今尚不歸詒我父母之憂矣。然檀車之堅。幝幝敝矣。四牡之壯。痯痯罷矣。則征夫之歸。亦當不遠矣。陳際泰云。車之堅者敝。師老矣。卒遇寇。不可用也。向者悲傷。私情也。至此多此憂焉。所以本父母之憂言之也。卒章載裝載也。龜曰卜。蓍曰筮。偕俱也。言征夫不裝載而來歸。憂心甚病矣。歸期往而不至。不獨我憂之。父母亦憂。故曰多恤。於是卜之筮之。會聚人俱占之。皆言於繇近矣。則征夫之歸。其亦邇矣。蓋決其歸也。征婦思夫。初則料其遑止。繼則望其歸止。繼則臆其不遠。乃至假卜筮以決其邇止。此皆閨情所必至。詩人乃曲體而代寫之如此。夫均一王事也。均一人情也。盛世則出車杕杜作於上。而爲王朝之雅。衰世則于役揚水作于下。而爲王國之風。詩可以觀信矣。

魚麗美萬物衆多能備禮也。文武以天保以上治內

采薇以下治外始於憂勤終於逸樂故美萬物盛多可以告於神明矣

魚麗于罶鱨鯊麗歷也罶曲梁也寡婦之笱也鱨揚也鯊鮀也太平而後微物衆多取之有時用之有道則物莫不多矣古者不風不暴不行火草木不折不操斧斤不入山林豺祭獸然後殺獺祭魚然後漁鷹隼擊然後罻羅設是以天子不合圍諸侯不掩羣大夫不麛不卵士不隱塞庶人不數罟罟必四寸然後入澤梁故山不童澤不竭鳥獸魚鼈皆得其所然君子有酒旨且多○魚麗于罶魴鱧鱧鮦也君子有酒多且旨○魚麗于罶鰋鯉鰋鮎也君子有酒旨且有○物其多矣維其嘉矣○物其旨矣維其偕矣○物其有矣維其時矣

魚麗六章。三章章四句。三章章二句。

案。舊說有酒旨絕句。且多二字爲句。朱熹有酒爲句。旨且多爲句。今從之。旨且多。不專指酒。蓋言酒則殽隨之。下文言物。則所該又廣。言文武之時取物有時。用之有道。故萬物衆多也。六月序云。魚麗廢則法度缺矣。夫禮。以財爲用。物不足則不能備法度也。物衆多而後能備禮數。寡婦之笱。猶待大魚。則其衆多可知已。君子有酒。酒殽皆美。不徒旨也。又且衆多。序云可以告於神明。則是於祭祀而歌之。君子有酒。蓋謂主人也。陸佃云。鱨鯊之美。不若魴鱧。魴鱧之美。不若鰋鯉。故詩序如此。二章有。備有也。四章上章言酒則殽隨之。此言物則又不徒酒殽也。嘉。善也。五章偕。齊也。夫物多則患其不嘉。旨則患其不齊。有則患其不時。多而能嘉。旨而能齊。有而能時。言曲全也。

南陔。孝子相戒以養也。

白華孝子之絜白也。

華黍時和歲豐宜黍稷也。有其義而亡其辭。

案六月序小雅諸篇魚麗之後初一曰南陔次二曰白華次三曰華黍次四曰由庚次五曰南有嘉魚次六曰崇丘次七曰南山有臺次八曰由儀不與毛公篇次同鄭玄云至毛公爲詁訓傳乃闕其亡者以見在爲數推故什首故不同也有其義而亡其辭此二句毛公之所著也鄭玄云孔子論詩雅頌各得其所時俱在耳遭戰國及秦之世而亡之也後儒或有亡讀爲無者而謂此六詩於笙奏之雖有其聲舉無辭句呂祖謙云有聲無詩其說不爲無理然國語叔孫穆子聘晉伶簫詠歌鹿鳴之三鹿鳴三篇既可與簫相和而歌則南陔以下豈不可與笙相和而歌乎嚴粲云樂以人聲爲主人聲即所歌之詩也若本無其辭則無以有其義矣序本因其辭以知其義後亡其辭則惟有序所

旨之義存耳果其有聲無辭。宜曰笙調不可云笙詩矣。

鹿鳴之什十篇五十五章三百一十五句。

南有嘉魚之什詁訓傳第十七

南有嘉魚樂與賢也。太平君子至誠樂與賢者共之也。

南有嘉魚。烝然罩罩。江漢之間魚所產也。罩罩篧也。君子有酒嘉賓式燕以樂。南有嘉魚。烝然汕汕。汕汕樔也。君子有酒嘉賓式燕以衎。衎樂也。南有樛木。甘瓠纍之。興也。纍曼也。君子有酒嘉賓式燕綏之。翩翩者鵻。烝然來思。鵻壹宿之鳥。君子有酒嘉賓式燕又思。

南有嘉魚四章章四句。

案。南謂江漢之間。南方魚之美者莫美於江漢之間。嘉美也。烝然衆也。爾雅云篧謂之罩。郭璞云捕魚籠也。編細竹以爲之。自上而下曰罩。自下而上曰罾。淮南子云罩者抑之。罾者舉之。爲之雖異，得魚一也。重言罩罩非二之詞。式用也。言南有嘉魚烝然衆多。罩之又罩取以供殽。君子有酒與嘉賓式燕以樂。所謂樂與賢者共之也。此以得魚之衆多以興得賢之多也。傳於一章曰興也。孔穎達云文略舉中以明上下。足知魚雖皆興也。呂祖謙云賢才多寡繫君上之好惡。樂與賢則衆多。不樂與賢則亦從而衰少矣。蘇轍云魚之在水至深遠矣。然人未嘗以深遠爲辭而不求。雖不可得猶久何而多罩之。是以魚無有不得也。苟君子之求賢心誠好之而不倦則亦豈有不可得者哉。

二章　爾雅云罺謂之汕。罺樔字雖異義同。鄭玄云樔者今之撩罟也。即罾也。陸佃云魚欲逸則罩之使入欲伏則汕之使出求賢之道上寵之如罩下撩之如汕其無遺賢矣朱熹以嘉魚爲魚名嚴粲云下文樛木非木名則嘉魚亦非魚名**二章**木下曲曰樛綏安也樛木下垂甘瓠纍之喻君子屈己下賢賢者歸往也蘇轍云瓜蔓于地是豈可強使從木哉然其過樛木也未嘗不纍之而上物之相從物之性也豈有賢者而不願從人者哉獨患不之求耳**卒章**來思之思語辭翩翩者鵻烝然來思亦喻衆賢歸往也又思言其又思念而不忘也

南山有臺樂得賢也得賢則能爲邦家立太平之基矣

南山有臺北山有萊 興也臺夫須也萊草也 樂只君子邦家之基 基本也 樂只君子萬壽無期○南山有桑北山有楊樂只君子

邦家之光樂只君子萬壽無疆○南山有杞北山有李樂只君子民之父母樂只君子德音不已○南山有栲北山有杻栲山樗杻檍也樂只君子遐不眉壽眉壽秀眉也樂只君子德音是茂○南山有枸北山有楰枸枳枸楰鼠梓樂只君子遐不黃耇黃黃髮也耇老樂只君子保艾爾後保安艾養也

南山有臺五章章六句

案只語辭君子以有德言之樂只君子言君子有令德可令人愛樂也人君得賢則國堅固如山山之有草木以喻國之有賢者也既曰南山又曰北山左右前後之況也樂只君子能爲邦家立太平之基則其壽國壽民無有期竟矣二章邦家之光言國有榮也三章民之父母言其德足以父母斯民也德音令聞也四章遐遠也

遐遠不眉壽乎亦謂民也傳云太平之民安而壽卒章太平之時內無怨女外無曠夫樂只君子使民蕃衍世保艾爾後也嚴粲云臺萊桑楊杞李栲杻枸楰多其名者喻賢之多而皆有用也蓋人之性人人殊則德之成亦人人殊矣猶之臺萊桑楊杞李栲杻枸楰之雖殊材而皆有用也序上篇爲樂與賢此篇爲樂得賢陸佃云與賢者尚未有以得之合則從不合則去矣惟其子孫雖有昏亂而先君之舊臣不忍去以自獻于先王此得賢之道也

由庚萬物得由其道也

崇丘萬物得極其高大也

由儀萬物之生各得其宜也　有其義而亡其辭

此三篇亦與南陔等同。謂之笙詩說見乎前。

蓼蕭澤及四海也
蓼彼蕭斯零露湑兮興也蓼長大貌蕭蒿也湑湑然蕭上露貌既見君子我心寫兮輸寫其心也燕笑語兮是以有譽處兮○蓼彼蕭斯零露瀼瀼瀼瀼露蕃貌既見君子爲龍爲光龍寵也其德不爽壽考不忘爽差也○蓼彼蕭斯零露泥泥泥泥霑濡也既見君子孔燕豈弟豈樂弟易也宜兄宜弟令德壽豈爲兄亦宜爲弟亦宜○蓼彼蕭斯零露濃濃濃濃厚貌既見君子鞗革沖沖和鸞雝雝萬福攸同鞗轡也革轡首也沖沖垂飾貌在軾曰和在鑣曰鸞
蓼蕭四章章六句

案。王者澤及天下。諸侯來朝。王與之燕飲也。周禮以燕饗之禮親四方之賓客。上公三饗三食三燕。侯伯二饗再食再燕。子男一饗一食一燕。職在掌客者是也。饗以訓恭儉。設几而不倚。爵盈而不飲。燕以示慈惠。于是有折俎加豆酬幣宴貨以示容合好。此詩曰燕笑語。曰孔燕豈弟。是燕飲也。序云四海大之言也。不必爲四夷之長也。斯語辭。君子謂來朝之諸侯。我天子自我也。譽處猶言爲聲譽之所歸也。夫封建之法。諸侯各據其上而有其民。其勢易分而難合。天子獨立于上。千里之畿。豈足制萬邦之命。惟是有德以懷之。蓼然蕭草潤於零露。以喩王者恩澤及於諸侯也。蓋蕭草其香能上達。故以況諸侯。王者南面而君天下。其遠者目不能見。其隱者。耳不能聞。於是千里之外割地建侯。使覘其所不見。使聽其所不聞。今於其來朝而既見君子。咸得聞焉。我心所以輸寫也。蓋心有憂慮則鬱而不泄。如寫器中之物則舒快矣。乃天子與之燕飲笑語。悅豫之情無復間矣。是以君臣皆有美譽也。二章爲龍爲光。爲之寵遇。爲之光榮也。壽考不忘。祝而且勸戒也。三章宜兄宜

毛詩補義　卷六

弟稱其德也壽豈壽而且樂也王者建國親侯欲其光昭令德翼戴王室與國咸休永世無窮故褒之以龍光勸之以不爽美之以宜兄弟祈之以壽考壽豈意何慇慇也古親賓之典其相勉以正如此**卒章**和鸞皆鈴也會經云雝曰和雄曰鸞馬動則在鑣之鈴鳴而在軾之鈴應蓋取義此鞗革和鸞皆諸侯車馬之飾也雝雝音聲和也萬福所該者廣壽考祿位皆在其中攸所同聚也夫馬舒則和鸞不鳴疾則失音鞗革沖沖和鸞雝雝也在外之度如此足以見其德矣賈誼云聲曰和和則敬在外之度如此足以見其德矣引此詩言動以紀度則萬福之所聚也殷大白云篇中頌美處俱含訓誡之意此上言也

湛露天子燕諸侯也

湛湛露斯匪陽不晞興也湛湛露茂盛貌陽日也晞乾也露雖湛湛然見陽則乾**厭厭夜飲不醉無歸**厭厭安也夜飲私燕也宗子將有事則族人皆侍不醉而出是不親也醉而不出是

滐宗也○湛湛露斯在彼豐草厭厭夜飲在宗載考豐茂也夜飲必
於宗室○湛湛露斯在彼杞棘顯允君子莫不令德○其桐
其椅其實離離豈弟君子莫不令儀離離垂也

湛露四章章四句

案左傳甯武子曰昔諸侯朝正于王王宴樂之於是乎賦湛露湛湛露斯天澤之厚被於物也以興君恩之厚及於臣也意與蓼蕭同歐陽脩云天之潤澤于物者若雨若雪若水泉之浸其類非一而獨以露爲言者露以夜降者也因其夜飲故近取以況之匪陽不晞但興不醉無歸耳而方夜而虞陽晞亦見斯久之意焉儀禮燕禮云宵則庶子執燭于阼階上司宮執燭于西階上甸人執大燭于庭閽人爲大燭于門外則夜飲之禮古誠有之夫燕以示慈惠其禮一獻四舉酬降脫屨升坐無算爵無算樂以醉爲度非若饗之設几而不倚爵盈而

不飲故曰不醉無歸鄭玄云天子燕諸侯之禮亡故傳假宗子與族人燕爲說爾二章露在豐草除諸侯更被恩也傳以宗爲宗室朱熹云宗室蓋路寢之屬也載則考成也燕行于寢膳宰具官饌于寢東非若饗行于廟故曰在宗載考三章顯明允信也明信君亦斥諸侯爲賓者也鄒忠胤云杞棘中堅承露雖厚而不屈有强幹意故以興顯允之令德飲而不亂可謂令德矣卽酒誥所云剛制也卒章又云桐椅高竦其實離離而下垂有恭順意故以興豈弟之令儀卽小宛所云温克也要令儀卽令德之符所謂飲酒孔嘉者也夫杞也棘也桐也椅也不一而足則可見庶伯子男悉皆在焉故皆曰其不傳稱酒以成禮不繼以淫雖厭厭夜飲不醉無歸令德令儀罔不祇畏則可謂不繼以淫矣豈與後世長夜之飲同乎哉

彤弓天子錫有功諸侯也

彤弓弨兮受言藏之彤弓朱弓也以講德習射弨弛貌言我也我有嘉賓中心

貺之也。(貺、賜也)鐘鼓既設、一朝饗之。○彤弓弨兮、受言載之。(載、以歸也)我有嘉賓、中心喜之。(喜、樂也)鐘鼓既設、一朝右之。(右、勸也)○彤弓弨兮、受言櫜之。(櫜、韜也)我有嘉賓、中心好之。(好、說也)鐘鼓既設、一朝醻之。(醻、報也)

彤弓三章章六句

案左傳甯武子曰、諸侯敵王所愾、而獻其功。王於是乎賜之彤弓一、彤矢百、玈弓矢千、以覺報宴。今特以彤弓爲言者、以周所尚之色爲重也。周禮無彤弓之名、而云唐弓大弓以授學射者、則必當唐大二者之中有之耳。受我藏之、我于諸侯。我有嘉賓、王自我也。言彤弓弨兮、受我藏之、其家以示子孫。范甯云、所謂以爲子孫藏是已。諸侯之獻功也、王親受而勞之、設饗禮。禮之、故曰我有嘉賓中心貺之。此蒙上文而言、即以彤弓貺之也。凡燕饗皆用幣。此饗有功故以弓代幣。中心者言心實欲貺之也如內疑其臣而外牽於其功。內忌其臣而外迫於其勢。則雖貺乎非中心矣。周官樂師饗食諸侯序其樂事。令奏鐘鼓。大饗以訓恭儉立成不坐。獻如命數禮成而罷。不必於時之久。一朝可以成。非若燕之或至夜也故曰一朝饗之而亦見王者勤于待賓賞不踰時如是焉

二章

孔穎達云醻賓之前止有獻賓不得名勸。則右非勸酒。設饗禮勸其功也

卒章

醻亦非報酒爲饗以報其功也。孔子曰於彤弓見有功之必報也。鄒忠胤云古者諸侯有大功天子賜弓矢及圭瓚其賜之圭瓚。使得爲鬯以祭先也其賜之弓矢使得待王命以征不庭也。故王制云。諸侯賜弓矢而後征伐。典禁重矣後儒遂以爲得專征伐。此特因王制之語而誤增一字失之遠矣。夫以胤后之征羲和也。必曰承王命徂征南仲之代玁狁也。必曰自天子所。謂我來矣今以爲賜弓矢者即得專征伐。是作威不必維辟而春秋之戰皆義戰矣豈彤弓之設端使然哉。且東遷之初孱如平王其命文侯。亦嘗賜以弓矢矣。曷嘗屬以專征之柄諸儒何乃隨桓

文雲霧倡爲此說遞相耳食以熒惑後世哉

菁菁者莪樂育材也君子能長育人材則天下喜樂之矣

菁菁者莪在彼中阿興也菁菁盛貌莪蘿蒿也中阿阿中也大陵曰阿君子能長育人材如阿之長莪菁菁然既見君子樂且有儀○菁菁者莪在彼中沚中沚沚中也既見君子我心則喜喜樂也○菁菁者莪在彼中陵中陵陵中也既見君子錫我百朋○汎汎楊舟載沉載浮楊木爲舟載沉亦浮載浮亦浮既見君子我心則休

菁菁者莪四章章四句

案君子謂在位者也言人君能長育人材如阿之長莪及材成也乃登庸之故既見君子豈弟而且有威儀蓋德成於內而威儀形於外也先王之欲人之爲君子也故立保氏掌教六藝五禮六樂居其首焉長育人材莫先於禮樂故見之外者曰樂且有儀韓愈云此天下美之之辭也 二章 我心則喜據見君子者而言 三章 百朋成數之大名鄭玄云古者貨貝五貝爲朋言賢者在上造福生靈天下喜樂之如得重貨之多故曰錫我百朋夫陵阿高地也沚則水中也澤出高阜咸有莪以見無地而不育材焉蓋人性之殊譬如草木區以別各隨其性養之篤之德立材成則皆爲其用矣陵阿中沚其察擇焉 卒章 庇蔭曰休汎汎楊舟沉物亦載浮物亦載以險人君用人文亦用武亦用於人才無所廢棄也孔子曰若臧武仲之知公綽之不欲卞莊子之勇冉求之藝文之以禮樂亦可以爲成人矣夫長育之以禮樂何人材其廢棄矣

六月宣王北伐也鹿鳴廢則和樂缺矣四牡廢則君

臣鈌矣皇皇者華廢則忠信鈌矣常棣廢則兄弟鈌
矣伐木廢則朋友鈌矣天保廢則福祿鈌矣采薇廢
則征伐鈌矣出車廢則功力鈌矣杕杜廢則師衆鈌
矣魚麗廢則法度鈌矣南陔廢則孝友鈌矣白華廢
則廉恥鈌矣華黍廢則蓄積鈌矣由庚廢則陰陽失
其道理矣南有喜魚廢則賢者不安下不得其所矣
崇丘廢則萬物不遂矣南山有臺廢則爲國之基隊
矣由儀廢則萬物失其道理矣蓼蕭廢則恩澤乖矣
湛露廢則萬國離矣彤弓廢則諸夏衰矣菁菁者莪

廢則無禮儀矣小雅盡廢則四夷交侵中國微矣

六月棲棲戎車既飭四牡騤騤載是常服棲棲簡閱貌飭正也日月爲常服戎服也玁狁孔熾我是用急熾盛也王于出征以匡王國○比物四驪閑之維則物毛物也則法也言先教戰然後用師維此六月既成我服我服既成于三十里師行三十里王于出征以佐天子出征以佐其爲天子也○四牡脩廣其大有顒脩長廣大也顒大貌薄伐玁狁以奏膚公奏爲膚大公功也有嚴有翼共武之服嚴威嚴也翼敬也共武之服以定王國○玁狁匪茹整居焦穫侵鎬及方至于涇陽焦穫周地接于玁狁者織文鳥章白旆央央鳥章錯革鳥爲章也白旆繼旐者也央央鮮明貌

元戎十乘。以先啓行。元大也。夏后氏曰鉤車先正也。殷曰寅車先疾也。周曰元戎先良也。○戎車既安。如輊如軒。四牡既佶。既佶且閑。輊摯。佶正也。薄伐玁狁。至于大原。言逐出之而已。文武吉甫。萬邦爲憲。吉甫尹吉甫也。有文有武憲法也。○吉甫燕喜。既多受祉。祉福也。來歸自鎬。我行永久。飲御諸友。炰鼈膾鯉。御進也。侯誰在矣。張仲孝友。侯維也。張仲賢臣也。善父母爲孝。善兄弟爲友。使文武之臣征伐。與孝友之臣處內。

六月六章。章八句。

案。周懿王時。周室遂衰。戎狄交侵。暴虐中國。至厲王益愈甚矣。序所謂小雅盡廢之時也。至於宣王。興師征伐。此宣王中興第一舉也。故以爲變雅之首。六六月。建未之月也。騤騤解見于采薇。于於也。下王于同。匡正也。言六月簡閱車馬戎車既整正四牡騤騤彌壯乃載大常及戎服司馬法冬夏不興師今乃方盛夏而出師者以玁狁孔熾我王國危急故王於是自將出征以匡我王國記六月者以明其急而不容緩應不得已也人知出於不得已則雖盛夏不以爲暴蓋其所以勞我者乃所以安我也朱熹以常服爲戎事之常服此本於鄭箋然戎服不可以常服言矣

二章

比齊同也周禮云凡大祭朝覲會同毛馬而頒之凡軍事物馬而頒之毛馬齊其色物馬齊其力故曰比物傳云物毛物也此明爲毛物之物也既比其物而又四驪則色亦齊矣言馬有餘也尚書傳云閑之者貫之也貫之也者習之也閑習之久進退驅馳不失其則服兩服之服也在內曰服在外曰騑舉服則可以該騑矣舊說以爲戎服何楷云軍需當有夙儲必無臨出征而始製之理矣按此篇三用服字而義各殊于往也古者吉行五十里師行三十里言乃馬既比馳驅有則服驂既成日行三十里王于是出征以佐其爲天子也詩志云西北之地平原廣野舉目千里利於車戰蓋夷狄所用在騎其鋒剽疾此取其善馳

突而止故利不相讓害不相援中國則不恃一馬之力而恃全軍之勢故車必飭馬必比而閑之于法則 三章 脩以其身言之廣以腹背言之顒以其首言之服事也共供同言馬長大則強壯可知矣薄伐玁狁以爲大功要之有嚴有翼爲之本蓋嚴則行陳整備則不輕敵所以爲大功也供武事者如此足以定王國矣 四章 茹度也爾雅十藪焦穫其一也其地美水草玁狁依水草而薦食故整居于此鎬方皆北方地名非鎬京之鎬也故劉向云千里之鎬孔穎達云涇陽去京師近織幟古通此前軍之所建也錯置革鳥以爲文章故曰織文鳥章白旆帛續旐末爲燕尾者也元戎先軍之前鋒也韓嬰云元戎者車縵輪馬被甲衡軛之上盡有劍戟名曰陷軍之車所以冒突先啓敵家之行伍也十乘爲馬四十匹甲士二十人步卒七百二十人言玁狁不度其力整齊其衆居周之地無所忌憚也已侵于鎬又進于方遂至于涇陽其賊鋒孔熾矣是以建此旌旗元戎十乘以啓突敵陣前行 五章 案以至于太原之文觀之蓋元戎啓行而玁狁敗走已離焦穫故王自此而還使尹吉甫

追逐之也。如輊，從後視之也。如軒，從前視之也。皆言車馬安正也。元戎先啓行，則悉車馬以繼進，而車馬安正，而且閑習。則如入無人之境矣。賊之敗散，可以見已追奔逐北，力但驅之耳。故薄伐玁狁，至于大原，而還盡境而止。班固有言，來則禦之，去則不追。帝王制蠻夷之常道也。采芑出車，皆言執訊獲醜。此無其事，則是不戰也。惟能伐敵而攘之，故美之曰文武吉甫，萬邦爲憲。夫非文無以附衆，非武無以勝敵。能文能武，何往不濟。故可爲萬邦諸侯法。詩志云，讀崧高烝民諸篇，知吉甫固周興之文臣。以文臣從戎，所以神閒氣定，變至而不亂，有飭而不玩，勢盛而不暴。行伍之間，進退之節，處處有雍容之象。與武健之將自不同。故以文武二字表之。夫文武並用，古之道也。古者邊疆之事，學士大夫爲之，而小人不得奸其任。自文武道分，而縉紳先生口不言兵，覓委之粗悍之夫。夫與三代將率文武全才可爲萬邦之法者異矣。**卒章**喜樂也。我我于吉甫諸友，王之諸臣也。天子以羣臣爲友。李廼云，張姓仲字也。言吉甫既伐玁狁而還，大于以燕禮樂之。今也中外泰寧，疆埸無事，喜樂可知豈爲一己成功歲軍賞不踰月於是乃多受賞賜蓋以其遠來歸自鎬而行永久也飲燕進諸友特加珍美之饌諸友侯誰在矣孝友之張仲在焉言與孝友之臣處內也蓋內與孝友之臣處則妨功害能之人不至矣夫大樂羊中山之功隳於毀書不行此詩特稱孝友之張仲爲殿所以歸美於宣王也

采芑宣王南征也

薄言采芑于彼新田于此菑畝。興也芑菜也田一歲曰菑二歲曰新田三歲曰畬宣王能新美天下之士然後用之方叔涖止其車三千師干之試。方叔卿士受命而爲將也涖臨師衆干扞試用也方叔率止乘其四騏四騏翼翼路車有奭簟茀魚服鉤膺鞗革。奭赤貌鉤膺樊纓也○薄言采芑于彼新田于此中鄉。鄉所也方叔涖止其車三千旂旐央央方叔率止約軝錯衡八鸞瑲瑲。軝長轂之軝也。朱而約之。錯衡文衡也。瑲瑲聲也。服其命服朱芾斯皇有瑲葱珩。朱芾黃朱芾也。皇猶煌煌也。瑲珩聲也。葱蒼也。三命葱珩。言周室之強車服之美也。言其強美斯劣矣。〇鴥彼飛隼其飛戾天亦集爰止。戾至也。方叔涖止其車三千師干之試。方叔率止鉦人伐鼓陳師鞠旅。伐擊也。鉦以靜之。鼓以動之。鞠告也。顯允方叔伐鼓淵淵振旅闐闐。淵淵鼓聲也。入曰振旅。復長幼也。〇蠢爾蠻荊大邦爲讎。蠢動也。蠻荊荊州之蠻也。方叔元老克壯其猶。元大也。五官之長出於諸侯曰天子之老。壯大猶道也。方叔率止執訊獲醜戎車嘽嘽嘽嘽焞焞如霆如雷。嘽嘽衆也。焞焞盛也。顯允方叔征伐玁狁蠻荊來威。

采芑四章章十二句

案竹書紀年云宣王五年秋命方叔征荊蠻此詩是已此語辭篇內此字皆同車三千蓋合兵車重車而言該三十萬衆朱熹云此亦極其盛而言未必實有此數也路車象路也周禮巾車職云象路朱樊纓七就是也簟茀以方文席爲車蔽也魚服與采薇魚服不同以魚皮飾馬服也與荀子鮫韅同韅馬服之革以鮫魚皮爲之又左傳齊桓歸衛夫人魚軒亦謂車以魚皮爲飾也舊說以爲矢服然以上下文皆言車馬之飾不應攙一矢服于中鉤膺馬鞅在膺者也鞗革解見蓼蕭周厲王之亂天下蕩蕩如荒榛之地宣王經理弊壞如耕墾荒榛以爲田故以田興焉言種芑于新田于菑畝肥美而後采之以喻宣王能新美天下之軍士然後用之也新美者新撫之以簡練也周禮所云中春教振旅中夏教茇舍中秋教治兵中冬教大閱是也方叔受命而爲將臨此戎車三千乘士卒皆有佐師扞敵之用於是方叔率之乘其四騏而行翼翼四騏輭然路車簟茀魚服鉤膺

偉華其盛美如此朱熹謂軍行采芑而食故賦其事以起興夫軍法掠民間一草有禁豈有軍行踐蹂下新田于菑畝之事乎**二章**董鼎云諸侯之旗旂爲上旐爲下此言上下所建則餘得兼舉矣約束也軝轂之旁出者也考工記云參分其轂長二在外一在內以置其輻是轂之外者長而內者短也其轂之外長而旁出者爲軝故傳以爲長轂之軝也以皮纏束之而朱之故曰約軝錯者文飾也卓轅曰衡鸞解見蓼蕭馬口兩旁各一四馬則八鸞矣命服天子所命之服也出率則加等芾韍同所以蔽膝也玉藻三命赤韍葱珩珩佩上橫玉也孔頴達云累一命至三命而止而云葱珩則三命以上至九命皆葱珩非謂方叔惟三命也此章承上章而言方叔之率戎車而行也車之飾不徒簟第魚服也又有約軝錯衡焉馬之飾不徒鉤膺鞗革也又有八鸞瑲瑲焉服其命服朱芾煌煌佩玉瑲瑲皆言車馬服章之美也夫以天子威福興師強美固其所也今夸言其強美適見其劣弱矣**三章**鴥疾飛貌隼急疾之鳥也爰於鉦鐃也鉦人伐鼓鉦人擊鉦鼓人伐鼓也鉦也鼓也各有人

焉。此一句而互言爾。二千五百人爲師，五百人爲旅。陳師鞠旅，陳列師旅誓告之也。亦互言之。誓告者大司馬職所云不用命者斬之是也。顯允，解見湛露。振猶止也。旅衆也。謂戰止而歸也。闐闐亦鼓聲也。振旅之行止亦用鉦鼓。言鴥彼飛隼，飛乃至天，以喻士卒勁勇能深攻入敵也。而亦集於是道，其進退有節也。方叔之率戎車而臨敵也，鉦鼓以陳列師旅，誓告軍令。方戰也，伐鼓淵淵，則衆進如飛隼。振旅也，鼓聲闐闐，則長幼乃有序。此皆出於方叔之明信，故重稱方叔以顯允。卒章蠢動而無知之貌。蓋與六月匪茹意同。朱熹云大邦猶言中國也。執訊獲醜，解見出車。霆雷餘聲也。先霆後雷者叶韻耳。威畏也。謂畏服也。言蠢爾蠻荊與中國爲讎，於是王命伐之。我天子之大老能大其道，率士衆以討之，執訊獲醜以歸。兵不血刃而功已成。蓋壯猶之效也。其凱旋也，嘽嘽焞焞，車聲如雷如霆。語其衆盛也。方叔嘗與吉甫同伐玁狁，威名已著，是以蠻荊聞其名而皆來畏服也。鄒忠胤云，六月事勢張皇，采芑氣象閒暇者，北伐承頹敗之後，敵驕兵惰，應變不得不敏。及北寇平，軍聲振方叔再出從容運籌而南蠻奪氣矣故軍律森嚴制勝裕如也又云國語蠻夷要服在侯衛賓服之外戎翟荒服之内即周禮巾車所謂革路以封四衞者其制宜歳貢于壇墠不貢則修名而有威讓之令今至撊然勤王師必其驕逸不虔不容不致武耶史記謂荆楚僄勇輕悍好作亂自古記之故以高宗中興有事奮伐殷武之歌後世爲烈而宣王采芑之役亦堪與之媲美焉

車攻宣王復古也宣王能内脩政事外攘夷狄復文武之竟土脩車馬備器械復會諸侯於東都因田獵而選車徒焉

我車既攻我馬既同攻堅同齊也宗廟齊豪尚純也戎事齊力尚強也田獵齊足尚疾也四牡龐龐駕言徂東龐龐充實也東洛邑也○田車既好四牡孔阜東

有甫草。駕言行狩。甫大也。田者大芟草以爲防。或舍其中。褐纏旃以爲門。裘纏質以爲槸。間容握。驅而入。擊則不得入。左者之左。右者之右。然後焚而射焉。天子發。然後諸侯發。諸侯發。然後大夫士發。天子發抗大綏。諸侯發抗小綏。獻禽於其下。故戰不出頃。田不出防。不逐奔走。古之道也。○之子于苗。選徒囂囂。之子。有司也。夏獵曰苗。囂囂。聲也。維數車徒者。爲有聲也。建旐設旄。搏獸于敖。敖地名。○駕彼四牡。四牡奕奕。言諸侯來會也。赤芾金舄。會同有繹。諸侯赤芾金舄。舄達屨也。時見曰會。殷見曰同。繹陳也。○決拾既佽。弓矢既調。決鉤弦也。拾遂也。佽利也。射夫既同。助我舉柴。柴積也。○四黃既駕。兩驂不猗。言御者之良也。不失其馳。舍矢如破。言習於射御法也。○蕭蕭馬鳴。悠悠旆旌。言不讙譁也。徒御不驚。大庖不盈。徒輦也。御御馬也。不驚驚也。不盈盈也。一曰乾豆。二日。賓客。三日充君之庖。故自左膘而射之。達于右腢為上殺。射右耳本次之。射左髀。達于右䯚為下殺。面傷不獻。踐毛不獻。不成禽不獻。禽雖多。擇取三十焉。其餘以與大夫士。以習射於澤宮。田雖得禽。射不中不得取。禽田雖不得禽。射中則得取禽。古者以辭讓取。不以勇力取。

〇之子于征。有聞無聲。有善聞而無讙譁之聲。允矣君子。展也大成。

車攻八章章四句。

案。同謂齊馬力也。曰既攻既同。以見宣王中興百度維新。田賦復。馬政修。非如昔日車馬凋敝焉。言我徂往也。此言備車馬以如東都也。將會諸侯也。鄭忠亂云。夫東都者。蓋先王之所高會。而四方之所軌則。聘洛興歌而後。鮮或駐驛。康朝鄗宮。穆會塗山。皆不于東都。若夫楚澤膠舟。徐方翹馭。又無論已。宣王此舉。豈非日中夏而布德。瞰四裔而抗稜者哉。**二章**田車。田獵之車也。好猶善也。阜。盛大也。冬曰狩。凡田之禮。惟狩最備。故以為獵之總名。將會諸侯而先言田獵者。蓋因狩而行會禮也。言田車既善好。四牡孔盛。大東都之界有廣大之草。將以就而田獵焉。其田獵之禮則傳備矣。錢大錫云。行狩分明以收文武之盛業。令宇宙之人心非區區從獸已也。三章 傳云。之子有司也。不敢斥王。故以有司言之。于往選數也。在軍不得諠譁。惟數車徒爲有聲。設旄設牛尾於旗之首也。言選徒囂囂。則其衆盛可知矣。惟數者有聲。則又見其靜治矣。建旐設旄。器械備矣。乃遂往搏禽獸于敖地也。四章 序云。復會諸侯於東都。此章是也。奕奕相連之貌。言宣王既至東都。四方諸侯駕彼四牡。奕奕來會也。赤芾金舃者。服其命服。以見王也。會同之諸侯五等皆在焉。各以其尊卑陳列於其位次。故曰有繹。五章 此言諸侯既會。而行田獵也。決以象骨爲之。著於右手大指。所以鉤弦開體也。拾以皮爲之。著於左臂以遂弦。故名遂。調謂弓強弱與矢輕重相得也。射夫謂諸侯。而下凡與于射者也。助者。毛王事而言。故曰我。言決拾既利。弓矢既調。於是射夫同力而田獵。故所獲尤多。乃使其衆助我衆舉積禽也。六章 黃騂曰黃。猗與倚通偏倚不正也。舍，發也。射者之工，矢發則中，如椎破物也。蘇徹云：不善射御者，詭遇則獲，不然則不能也。令御者不失其馳驅之法，而射者舍矢如破，則可謂善射御矣。七章蕭蕭馬鳴之聲也。悠悠旆旌之狀也。徒，輦也。輦人輓行，所以載任器也。驚者，警戒也。大庖，君之庖也。言田已弊，而惟聞蕭蕭馬鳴，見悠悠旆旌而已。此二語形容静治，意曲至。徒御豈不警戒乎？大庖豈不盈乎？此言終事嚴而其獲多也。凡所獲之禽，供乾豆、賓客、大庖，其餘以與大夫士，其禮則傳備矣。卒章此總一篇而深美之也。之子與三章義同。征，行。允，信也。君子兼德位而稱，展，誠也。大成，謂致太平也。言之子于行，有善聞而無諠譁之聲，信矣君子哉！其德足以上人，誠也。其能致太平也，序所云復古，正謂此也。鄒忠胤云：嘗觀無逸之訓曰：繼自今嗣王，則其無淫于觀、于逸、于游、于田。乃詩美宣王田事不一而足，何也？此正宣王所以爲無逸也。蓋古者蒐苗獮狩之法，實與軍政相爲表裡，先王陰用其道，使人由而不知，而後王藉爲利獸之樂。是故畋于有雒，五子作歌；恒于游畋，三風垂訓。乃宣王之舉則異乎是。彼其乘積衰之後。奮然圖治。蠱事終而鼎事始。呂氏所謂王賦從軍實盛。師律嚴。上下洽。綜理周密者。蓋具見之。左傳。楚椒舉曰。夏啓有鈞臺之享。商湯有景亳之命。周武有孟津之誓。成有岐陽之蒐。康有酆宮之朝。穆有塗山之會。皆所以示諸侯禮也。諸侯所由用命也。夏桀爲仍之會。有緡叛之。商紂爲黎之蒐。東夷叛之。周幽爲太室之盟。戎狄叛之。皆所以示諸侯汏也。諸侯所由棄命也。然則講事度軌。豈繫細故。其亦趾美成康者歟

吉日。美宣王田也。能愼微接下。無不自盡。以奉其上焉。

吉日維戊。既伯既禱。維戊順類乘牡也。伯馬祖也。重物愼微。將用馬力。必先爲之禱其祖。禱禱獲也。田車既好。四牡孔阜。升彼大阜。從其群醜。○吉日庚午。既差我馬。外事以剛日。差擇也。獸之所同。麀鹿麌麌。鹿牝曰麀。麌麌衆多也。漆沮之從。天子之所。漆沮之水。麀鹿所生也。從漆沮

驅禽而致天子之所。〇瞻彼中原其祁孔有。祁大也。儦儦俟俟或羣或友。趨則儦儦。行則俟俟。獸三曰羣。二曰友。悉率左右以燕天子。驅禽之左右以安待天子。〇既張我弓既挾我矢發彼小豝殪此大兕。殪壹發而死。言能中微而制大也。以御賓客且以酌醴。饗醴天子之飲酒也。

吉日四章章六句。

案。吉日云者。卜日也。十干五剛五柔。甲丙戊庚壬。五奇爲剛。乙丁己辛癸。五偶爲柔。將用牡馬。而禱以剛日。順其剛之類也。伯。馬祖也。謂天駟房星之神也。大阜大陵也。從。從禽也。以追逐其後。故曰從。醜。衆也。言田獵將用馬力。故以吉日祭馬祖而禱之。田車既牢。四牡甚盛。乃乘之。升彼大阜。追逐其禽獸之羣衆也。二章。庚午亦剛日也。曲禮云。外事以剛日。內事以柔日。田獵外事也。故亦用剛日。差馬。謂擇齊馬力也。此當在維戊之前。朱熹以維戊爲戊辰非也既言四牡孔阜從其羣醜矣何閲二日後始行差擇其馬乎同猶聚也吉日庚午既差我馬乃追逐之辭言先此已差馬以待矣以見戒備有素焉獸之所聚麀鹿麌麌言牝鹿則以見蕃息之意焉獵有期處自漆沮之從禽以致天子之所也

二章 率循也燕猶安也言瞻彼中原之野禽獸大而甚有儦儦然趨焉者有俟俟然行焉者或三三爲羣或二二爲友是其甚有也於是悉驅之循其左右之宜以安待天子之射也騶虞傳所謂虞人翼五豝以待公之發是也

卒章 方持弦矢曰挾嚴粲云言百發百中則發有中否今日發彼小豝言發則中豝矢無虛發不待言中也豕牝曰豝爾雅云兕似牛一角青色重千斤射以得兕爲雋御進也酌盛酒行觴也醴酒一宿熟者味甜本與酒味殊故穆生不嗜酒元王每置酒爲穆生設醴可以見已饗盛禮也惟王饗諸侯則設醴言張弓挾矢發於彼小豝又壹矢而殪此大兕既得禽獸則以爲俎實進於賓客又且以酌醴而饗謂饗諸侯也

南有嘉魚之什。十篇。四十六章。二百七十二句。

毛詩補義卷六終